D0840797

# Toucher au soleil

… et tant pis si ça brûle!

DU MÊME AUTEUR

*Boule de rêve*, Éditions Leucan, 1993, pour la première édition; Éditions Le Persea (livre et CD), 2001.
*De l'autre côté des choses*, Libre Expression, 1996.

Lise Thouin

# Toucher au soleil

## … et tant pis si ça brûle!

Libre Expression

# Libre  Expression

**Données de catalogage avant publication (Canada)**
Thouin, Louise
Toucher au soleil… et tant pis si ça brûle!
ISBN 2-89111-912-6
1. relations entre hommes et femmes.  2. Amours.  3. Thouin, Lise.  I.
HQ801.T46 2001          306.7          C00-942084-3

Photographies de Lise Thouin
© ANDRÉ PANNETON, 2001
Maquette de la couverture
FRANCE LAFOND
Infographie et mise en pages
SYLVAIN BOUCHER

Libre Expression remercie le gouvernement canadien
(Programme d'aide au développement de l'industrie de l'édition),
le Conseil des Arts du Canada et la Société de développement
des entreprises culturelles du soutien accordé à
ses activités d'édition dans le cadre de leurs programmes
de subventions globales aux éditeurs.

Éditions Libre Expression
2016, rue Saint-Hubert
Montréal (Québec) H2L 3Z5

Dépôt légal :
1er trimestre 2001

ISBN 2-89111-912-6

*À toi, mon amour d'amour.*
*Tu verras...*
*J'ai décrit notre amour dans son essence, mais*
*dans les détails, je n'ai pas vraiment raconté*
*notre histoire.*
*Car cette histoire unique, la nôtre, j'ai voulu*
*qu'elle reste un ultime secret entre nous.*

«Si tu aimes d'amour, c'est le meilleur de toi-même qui est sollicité et qui a soudain l'infini bonheur de pouvoir s'exprimer... Il n'y a pas deux amours, l'un humain et l'autre divin. Il y a l'Amour et c'est tout... Un plongeon dans l'infini...»

Daniel Meurois-Givaudan,
*La Demeure du Rayonnant*

# Prologue

*Je le regarde, il est mien, mais je ne sais pas son nom. Son vrai nom, je veux dire. Mais comment parler d'amour sans parler de lui, de lui qui m'est familier, de lui dont je connais infiniment la voix, le visage, le poids doux des mains sur mon corps?*

*Il est de ces paysages faits d'air et d'atomes en frissonnement. Lui, il est pareil. Il est là sans y croire. Je l'ai tout entier dans mes bras, je le touche, mais je ne sais pas s'il existe vraiment.*

*Nous parlons pendant des heures et les heures courent sur nous, par-dessus nos voix qui s'entremêlent, qui rient et pleurent tour à tour. Je suis amoureuse de lui comme on est d'un pays. J'y ai fait ma maison. Nous parlons et nous en oublions tout le reste, à mi-chemin entre l'espace et le temps qui s'arrête parfois pour nous écouter.*

*Il y a tant de choses à raconter à quelqu'un qui se met un jour à nous écouter avec fascination. Il y a tant de secrets qu'on n'a encore dévoilés à personne, tant de rêves profondément enfouis en nous et qui n'ont jamais été portés au grand jour. On parle quand on est amoureux, on parle sans arrêt! Et l'on se découvre brusquement porteur d'idées nouvelles, de pensées profondes, de raisonnements brillants.*

*Les histoires de tous les jours deviennent de grandes histoires, car quelqu'un prête l'oreille. Pour de vrai. Et dans cette tendre écoute nos petites misères quotidiennes s'habillent si joliment du velours noir des grands événements!*

*Il y a beaucoup de temps gâché dans une vie à se taire. On préfère ne rien dire. Pour ne pas être ridiculisé, blessé, ou bien seulement... pour ne pas être interrompu! Tout peut si facilement être retenu contre nous par tout le monde qu'on a bientôt pris l'habitude de tout garder caché. Mais les mots qu'on n'a pas prononcés à mesure tournent en rond à l'intérieur de nous, comme des prisonniers haineux dans une cour de prison, prêts à nous dévorer le cœur un jour ou l'autre.*

*Nous parlons tout le temps, lui et moi, on a toujours quelque chose de nouveau à se dire et c'est toujours pressé.*

*C'est comme si on n'avait pas une seconde à perdre! C'est toute une vie à rattraper! Et chaque phrase prononcée s'achève en baiser des yeux, des mains ou sur nos bouches affolées. Peut-être qu'on devient amoureux juste pour apprendre à parler...*

*Je l'aime. Je le lui dis mille fois. De mille façons. Je l'aime, pourtant je ne connais pas son vrai nom. Celui qu'il porte maintenant ne lui ressemble pas, mais disons qu'il convient à l'ordinaire. Il est pratique, pour tous les jours et pour tout le monde. C'est comme ça. Moi, de mon côté, je lui dis qu'il est... «celui que j'aime», que je l'ai baptisé ainsi un matin de grand soleil et qu'à partir de maintenant c'est tout à fait officiel. Il répond, lui, que c'est merveilleux, que ça le définit absolument et qu'il s'y perd par trop de bonheur.*

*Un jour, peut-être, je saurai son nom essentiel. Celui qui est le sien et qu'il porte depuis le commencement et pour l'éternité. (Devant lui, je peux dire comme ça des toujours et des jamais, cela ne lui fait pas peur!)*

*Parfois au réveil, son nom, celui d'origine, je veux dire, semble s'approcher du bout de mes lèvres, on dirait que je l'ai entendu pendant la nuit et que je m'en souviens et que je pourrais le répéter facilement. C'est une sonorité très ancienne mais en même temps tout à fait neuve. Un souffle, un écho. Puis cela disparaît. Il y a ma mémoire qui est prise de vertige. Tant pis, c'est comme ça. Je ne cherche plus, j'abandonne... et je m'abandonne entre ses mains brûlantes devenues prolongement des miennes.*

\* \* \*

Alors voilà, c'est pour ça que j'ai envie de parler d'amour! J'ai envie de vous parler de l'amour parce que j'aime d'amour et que cela m'arrive maintenant et que j'ai l'impression que c'est pour la première fois. Dans cet amour où l'on vient d'accoster, *lui* et moi, un monde nouveau s'ouvre et plus on avance, plus on s'émerveille de ce qu'on découvre. C'est comme si on était en train de tout réapprendre. Du début jusqu'à maintenant. Et jusqu'à la fin qui n'a pas de fin.

J'étais au rendez-vous quand cet amour m'est venu. Mon ancienne vie battait de l'aile et je crois que j'étais prête. Les choses se sont mises en place d'elles-mêmes. C'est ça qui s'est passé.

Peut-être aimeriez-vous que je vous en parle? Que je vous en parle doucement, comme d'une réelle possibilité, comme d'une aventure époustouflante et incroyable qui pourrait tous nous arriver un jour. Vous savez, c'est seulement maintenant que je commence à réaliser à quel point l'amour peut nous entraîner loin. Vraiment loin...

Mais non, je ne sais pas encore où ça va me mener! Je suis juste en train d'avancer pas à pas, comme au milieu d'un grand jeu de piste animé. Je ne sais même pas quel trésor je cherche, et puis, d'une certaine façon, je commence à trouver que ça n'a pas vraiment d'importance! Je crois que, sur ce chemin, il n'y a pas de ligne d'arrivée non plus, ni de moment précis où l'on puisse s'arrêter enfin et dire : « Voilà, ça y est, j'y suis! »

Décidément, l'amour, ce n'est pas ce que je croyais! Ce n'est pas un aboutissement ultime et surtout pas une consécration. C'est tellement plus un point de départ pour *autre chose*!

Oui, il faut être bien accroché pour aimer! Parce que l'amour, je vous le dis tout de suite et vous le savez peut-être, ça nous projette sans ménagement dans un monde complètement inconnu et bien... au-delà!

# 1

## *Les premières gammes d'amour*

Je suis une amoureuse! Je pense que je l'ai toujours été. D'aussi loin que je me souvienne, je me vois en train d'aimer. D'aimer beaucoup et de toutes mes forces, quelqu'un ou quelque chose!

Oui, je suis une amoureuse… C'est peut-être la plus juste définition que je puisse donner de moi.

Déjà pendant mon enfance, je tombais tout le temps en amour. C'était ma maîtresse, c'était une petite fille de ma classe, mon grand cousin ou quelqu'un que j'avais juste entrevu et qui m'avait parlé *autrement.* Ça pouvait être beaucoup de monde, mais chaque fois c'était pareil. Mon cœur se mettait à battre très fort, j'avais l'impression que toute ma poitrine éclatait et que je transportais en moi un grand bonheur qui brillait dans mes yeux comme un soleil. C'était tellement bon même si, en même temps, ça faisait mal à l'intérieur parce que c'était trop fort! Je devais être belle à six ou sept ans, si jeune et déjà envahie par des amours infinis!

Je me souviens… J'écrivais mille fois dans mes cahiers d'école ou bien n'importe où le nom de la personne que j'aimais. Je le plaçais au milieu d'un cœur et je faisais des rayons tout autour pour le protéger. Parfois je perçais ce cœur d'une flèche et j'y dessinais deux ou trois gouttes de sang avec mon beau crayon de couleur ou avec de la craie. Les gouttes de sang éclaboussaient de rouge ma feuille ou le trottoir. C'était pour le chagrin ! Oh ! j'en ai eu, des gros chagrins ! Des grosses peines à transporter et lourdes à vivre pour une petite fille !

Mais qu'importait ! L'amour, pour moi, c'était déjà la plus belle, la plus importante et la plus grande chose qui pouvait exister dans la vie. Pendant long-temps, j'ai pensé que c'était pareil pour tout le monde. Les frissonnements de mon cœur étaient si intenses ! Comment aurais-je pu deviner que tous les gens n'éprouvaient pas nécessairement la même chose que moi ? Dès que j'ai su écrire, j'ai griffonné des petits mots d'amour. J'en laissais partout :

*Je t'aime beaucoup, si tu veux me demander de te donner mon porte-clés avec la rose à l'intérieur, je veux. Tu es très belle. La plus belle de toute la classe. Je t'aime.*

*Lise XXX*

Comme toutes les petites filles, il m'est arrivé d'aimer un professeur, une tante, un compagnon de jeu ou même un prêtre plus doux que les autres. Oh oui ! je les ai aimés très, très fort ! Et la plupart du temps sans qu'ils s'en rendent compte. Bien sûr, j'étais un petit peu timide, mais si je ne leur disais rien à ce moment-là, c'était juste parce qu'il n'était pas vraiment important pour moi qu'ils le sachent.

J'aimais! Et cela me comblait et je sentais mon cœur qui s'ouvrait tellement grand! C'était ça, mon bonheur. Quelqu'un d'extraordinaire était entré dans ma vie que je pouvais voir. Je pouvais respirer son parfum ou toucher ses cheveux. Je pouvais entendre sa voix, lui parler dans ma tête et il comprenait tout. J'aimais… pour la joie d'aimer. Cela me suffisait et c'était énorme.

Parfois, il arrivait aussi que mon cœur se brise en mille miettes. Je m'apercevais tout d'un coup que celui que j'aimais si fort et que je croyais si parfait était capable de mentir, qu'il pouvait se mettre en colère ou être dur envers les autres, qu'il pouvait aussi être distant et méchant pour rien. Il arrivait même à… trahir!

Oh! la trahison! Je ne la comprenais pas et je ne la voyais jamais arriver! Elle me prenait toujours par surprise. Et cela me faisait tellement mal à l'intérieur que je pensais à chaque fois que j'allais en mourir.

C'était sans doute ma façon à moi d'apprendre l'amour et les êtres humains. Après tout, il fallait bien que j'avance si je voulais un jour avoir la chance de *le* retrouver!

C'est drôle comment les choses arrivent parfois, on dirait qu'elles répondent à des rendez-vous! Hier, en mettant un peu d'ordre dans une armoire, j'ai retrouvé une boîte pleine de souvenirs d'enfance. Il y avait dedans des dessins, des textes et des poèmes sur des feuilles de papier brouillon. Mon père nous en apportait par paquets entiers de la Crown Life Insurance Co., où il travaillait. Il disait qu'il valait mieux que les enfants utilisent ces feuilles usagées plutôt que de les voir jeter à la poubelle par la compagnie!

Je me suis attardée sur un petit poème. J'avais à peine neuf ans quand je l'ai fait naître d'un trait. Pourquoi ai-je gardé si longtemps ce petit bout de papier jauni écrit à la mine? Je ne sais pas trop. Peut-être pour le transcrire aujourd'hui sur l'ordinateur et m'apercevoir que tout est lié, que le temps se joue très vite dans nos vies, que tout se prépare à l'avance et que, finalement, on ne change pas tant que cela, malgré les années qui passent...

*Les yeux d'un poète (1957)*

*Des yeux, des yeux pareils aux nôtres*
*Mais si pleins d'infini ces yeux de poète*
*Ils regardent la terre, cette fleur éclose*
*Et dans leurs yeux si grands un peu de tristesse*
*Ses yeux voyaient la terre*
*Même un peu ses faiblesses*
*Et vite comme l'éclair*
*La transformaient soudain*

*Les papillons devenaient des antiques princesses*
*Aux cheveux blonds, aux yeux bleus d'azur*
*La rose, comme une étoile au ciel*
*Scintillait et donnait la lumière*
*La source au filet d'argent*
*Servait de manteau au prince galant*
*Le ciel était l'armure*
*Qui préservait la ville des ennemis*

*Les oiseaux étaient des amoureux*
*Les arbres, des sentinelles*
*Et c'est ainsi qu'un poète*
*Voyait le pays des merveilles.*

J'avais neuf ans et déjà beaucoup de chagrins d'amour dont je ne parlais pas. Peut-être mon sourire devenait-il triste, peut-être étais-je plus pâle qu'à l'accoutumée quand cela m'arrivait, mais mon cœur, lui, demeurait vigoureux et vivant car bientôt quelqu'un d'autre m'émerveillait et ma poitrine se remettait à palpiter.

J'étais sans cesse en mouvement. En mouvement vers… *lui,* sûrement. Sans le savoir, je faisais déjà mes premières gammes d'amour…

\* \* \*

À quinze ans, bien sûr, j'ai cherché l'*amour idéal*! On le cherche tous, à cet âge-là. Celui qu'on épinglerait sur le velours grenat de notre cœur pour toute la vie et qui s'écrirait *avec un grand A.*

Le grand Amour, c'était celui dont on parlait dans les livres, celui que je voyais dans les films. Les films américains surtout. Comme elles étaient belles, ces histoires qui finissaient en apothéose dans un coucher de soleil somptueux et sur un baiser passionné! Comme la musique était inspirante dans son débordement de violons!

J'y croyais, au *Grantamour*! Bien sûr que ça se pouvait, je l'avais vu. De mes yeux vu! Le héros était beau et fort, rien ne lui faisait peur et il comprenait tout. La fille était belle et jeune et pure. Alors, quand je sortais du cinéma, encore sous le choc des images et de la musique, je me mettais discrètement à scruter les visages des garçons qui défilaient…

Je cherchais dans leurs yeux, sans le savoir encore, un certain regard. *Son* regard. Et, en rentrant à la maison, j'écrivais déjà pour *lui*.

*(1963)*

> *Bien avant ce jour qui meurt*
> *Dans un long souffle expirant*
> *Bien avant ce mois de mai*
> *Et la vie qui se perd*
> *Bien avant ton cri lancé*
> *Dans mon éternité*
> *Je sens déjà ta présence*
> *Par ce petit coin blessé*
> *Et brûlant dans mon cœur*

Ce qui arrivait aux protagonistes après, quand le film était fini, on n'en avait aucune idée. C'était écrit «FIN» comme dans les contes de fées. Les amoureux s'étaient enfin retrouvés et ils allaient vivre très heureux jusqu'à la fin de leurs jours. On se surprenait parfois à se demander ce qu'on pourrait donc bien faire avec un bonheur à perpétuité… Cela ne risquait-il pas de devenir un peu ennuyeux à la longue?

De toute façon, on n'a pas eu ce problème car on s'est vite tous retrouvés les deux pieds dans le quotidien avec un mari, un amoureux, une blonde ou un conjoint dans un trois-pièces trop étroit. Ensuite, on eu du mal à joindre les deux bouts, les enfants sont arrivés et les problèmes d'argent par-dessus. On s'est fait à l'idée. Les histoires d'amour parfait, ça n'existait que dans les films américains ou alors c'était pour les autres, car nous, on était bien trop adultes pour croire à de telles idioties. Adieu, le temps des princes charmants et des princesses endormies ! Pas le choix ! On a retroussé nos manches, on a serré les poings, retenu nos larmes et nos regrets. On avait à peine vingt ans et la vie nous poussait par-derrière et nous tirait en avant.

Moi aussi, je me suis forcée à croire que l'amour, le véritable amour, celui dont j'avais le germe au fond de moi, celui qui pourrait m'emmener au septième et peut-être même au dixième ciel, ça devait être une utopie ! Quelle idée d'aimer de cette façon-là et de désirer absolument ce qui est impossible ! N'étais-je pas une adulte maintenant ?

J'ai donc plongé dans mon histoire et je me suis arrangée pour la rendre le plus heureuse possible. J'ai aimé mon compagnon de route, mes enfants et tous les autres personnages de ma vie. Nous avons fait un bon bout de chemin ensemble. Je me suis posé des questions, j'ai essayé de comprendre comment ça marche, la vie, mais je n'ai pas trouvé de vraies réponses. Alors, j'ai essayé d'être au diapason et de ressembler aux autres, aux moins sensibles, aux plus rationnels.

J'ai vraiment cru que ceux-là avaient raison de ne pas transporter de rêves ou d'amours inutiles. J'ai aussi pensé que, pour survivre, il me fallait guérir de mon enfance et de mes rêves d'espaces infinis. Tirer un voile, pour me protéger.

J'ai essayé, je me suis apparemment conformée. J'ai arrêté d'écrire des poèmes…

Il y a effectivement quelque chose de fort et d'extrême en moi qui s'est tassé, qui s'est aplati, qui a fait semblant de mourir parce que je ne lui ai plus donné le droit d'exister.

Malgré tout, certaines nuits de pleine lune ou de moitié de lune, je me suis surprise encore et toujours à y rêver et à y croire, à l'Amour, avec des grands yeux d'insomnie qui regardaient le plafond de ma chambre. Il me semblait qu'il devait exister *quelqu'un* pour moi, quelque part. Oh oui! il fallait absolument qu'*il* existe! Et au plus profond de moi, dans un espace blanc qui n'appartenait qu'à moi seule, je rêvais qu'*il* se tenait debout, comme ça, les bras grands ouverts, et qu'*il* m'attendait.

Cependant la réalité, la solide et parfois cruelle réalité revenait me chercher. Brusquement. La petite pleurait dans son berceau, j'avais une réunion importante le lendemain matin ou bien il fallait trouver de toute urgence une solution pour payer le loyer. Et la fin de mois qui approchait… Une vie de comédienne, c'est sans garantie!

Puis le temps a passé. Et ce désir de *lui* qui grandissait à l'intérieur, je l'ai fait taire fermement…

Pourtant, comme j'ai beaucoup aimé en l'attendant! Et souvent! J'ai aimé des hommes et des femmes, des enfants, des animaux, des cailloux, des fleurs, des pays et même de grands malades. J'ai aimé ceux qui m'applaudissaient en spectacle, j'ai aimé mes parents, mes amis… J'ai aimé très fort mes enfants, bien sûr, mais je suis aussi tombée en amour avec des gens que je ne connaissais pas et que je n'ai fait qu'entrevoir quelques secondes au détour d'une rue, à la caisse d'un supermarché, dans un avion ou dans un corridor.

On dirait que je n'ai fait que ça pendant toutes ces années, aimer! C'est ce qui me frappe le plus quand je jette un regard en arrière sur le plus grand morceau de mon histoire qui est déjà passé.

Oh! ils vivent encore dans mon cœur, tous ces amours, même si j'en ai sûrement oublié des quantités. Ils sont tous tricotés serrés à même les mailles à l'endroit et à l'envers de ma destinée car, sans que j'en sois consciente, ils me préparaient tous directement à *sa* venue.

## 2

## *Tant pis, je prends le risque!*

*Lui, l'amour, il est arrivé dans ma vie il y a quelques années. C'était un jour de printemps et je ne m'y attendais pas. Il devait y avoir une grande place libre dans mon cœur, un grand espace vide pas habité.*

*C'est sûrement par là qu'il est entré. Aussitôt, ma vie a volé en éclats et mon âme a explosé!*

*Oh! pourtant il est comme les autres, cet homme que j'aime! Quelques dizaines de kilos de substance animée. Rien d'exceptionnel apparemment. Une tête, un corps, deux jambes, deux bras. Juste un arrangement de matière organique très bien organisée. Pas plus, pas moins. Il est comme tout le monde. Il mange, il dort, il travaille, il marche vite ou lentement, selon qu'il est pressé ou non. Jusqu'ici, rien de plus normal. Mais Dieu que son visage m'émeut! Son regard surtout...*

*C'est une porte, un regard et ça se continue bien au-delà si on se risque à y pénétrer. Il y a vraiment une avenue qu'on peut prendre au bout des yeux d'un être vivant, et puis une autre avenue encore si* on veut s'aventurer plus loin et qu'on n'a pas peur de se perdre. Moi, je suis entrée par une semblable porte. J'ai voulu savoir et… c'est là que tout a commencé. Écoutez-moi…

Au début de notre histoire, je n'avais qu'une photo de son visage et je la regardais sans arrêt. C'était une photo ordinaire, mais ce petit carré de papier glacé en couleur, je l'ai tant embrassé et caressé qu'il en est devenu vivant. J'ai plongé dans l'image tête première. Et sans filet! J'ai commencé mon aventure en plein dans ses yeux et en trapéziste. Et cet émoi, cet émoi que j'avais à ce moment-là! Mon cœur s'arrêtait puis se remettait à battre de façon anarchique et désordonnée. Je devenais arythmique à force de poser cette photo sur mon cœur. C'est bien mystérieux, l'amour! C'est quelque chose de vraiment étrange et qui échappe à l'entendement. Tous les points de repère se mettent à bouger et ensuite à disparaître.

J'étais suspendue là, au milieu du vide, avec cette photo de lui qui souriait comme seul trésor, et moi, qui ai dépassé depuis un moment le mitan de mon âge, j'avais quinze ans! Quinze ans à peine et pas de poussières par-dessus!

Je volais en marchant. Comme si j'étais plus haute que le trottoir, comme si j'allais un peu plus vite que mes pas et que mon corps devait accélérer pour me rattraper. J'inventais dans ma tête des chansons d'amour en son honneur avec tous les jolis mots rencontrés dans la journée. Ma plume se surprenait à courir d'elle-même sur le papier et ça *faisait, en série, des lettres d'amour interminables pour lui. Les mots d'amour pleuvaient en poèmes dans mes rêves et, la nuit, j'étais... habitée.*

*Oui, je me suis mise à avoir quinze ans! J'ai retrouvé le même abandon, la même foi absolue, la même frénésie du corps qui s'éveille, s'emballe et court au galop! On aime bien, à quinze ans. Même à distance, même quand on est séparé.*

*Je n'avais pas besoin de plus. Je possédais sa photo, quelques moments volés au temps, et cela me rendait infiniment riche.*

*Il y avait par-dessus tout le souvenir du petit claquement sec de ses dents sur les miennes dans l'extase et la surprise du premier baiser. Je me repassais la séquence dans ma tête, en boucle comme au cinéma, afin de revivre à volonté encore et encore cet instant de grâce où un formidable éclair blanc avait foudroyé mon ventre. Toujours la même scène, toujours le même bonheur, toujours le même frisson...*

*Oh oui! je suis tombée en amour comme on entre en religion! Il me semblait que tous les amours d'avant n'avaient été que préparatifs, répétitions générales ou préludes à celui-là. Cette fois-ci, c'était la bonne, la seule, la dernière, l'ultime fois, et cela allait se continuer et se parfaire dans les siècles et les siècles à venir. C'était mon temps d'amour, mon moment à moi. J'avais toujours attendu ça!*

\* \* \*

Aujourd'hui, *il* est là. Bien du temps a passé. Nous nous sommes retrouvés et nous vivons ensemble.

Il y a des moments importants, des dates essentielles qui ont jalonné notre histoire d'amour encore toute neuve. Si je raconte un peu le chemin parcouru et celui qui s'en vient, c'est parce que je me dis que vous vous retrouverez peut-être dans cette quête d'amour et dans ce long voyage qui m'ont menée jusqu'à *lui*. Ne sommes-nous pas tous faits du même tissu?

De toute façon, on dirait que je ne peux pas faire autrement. Ça m'habite totalement! Je vis son amour à cœur de jour et plein dans la nuit. Ça déborde de partout! Quand je parle, je parle d'amour et quand j'écris, c'est l'amour qui s'écrit tout seul!

Oui, je sais bien que c'est un peu fou de parler de ça de nos jours! C'est peut-être même indécent ou bien complètement déplacé. D'autant que... Autant le dire tout de suite : entre *lui* et moi, c'est juste un amour... ordinaire. Je veux dire... comme on devrait être capable de penser l'amour, normalement.

Il n'y a pas de vices cachés, pas de surprises ni de coups de théâtre imprévus, c'est juste l'élan partagé d'une femme pour un homme et d'un homme pour une femme. Et c'est toujours la même femme et le même homme qui s'aiment et c'est en même temps! Ce n'est ni incestueux, ni sadomaso, ni aventure d'un soir, ni homosexuel, ni impossible, ni malheureux, ni dangereux. Est-ce trop ou pas assez pour que vous me croyiez et me preniez au sérieux?

Je suis si peu dans le ton, si peu à la mode du jour! Suis-je démodée ou bien au contraire tout à fait révolutionnaire? Parfois, je ne le sais plus trop bien...

Le temps est tellement plus à l'hostilité et au désespoir! Peut-être est-ce subversif ou même cruel de parler d'amour quand tout va si mal, quand la guerre et la détresse ont définitivement pris d'assaut notre planète? Je ne vous apprends rien; on n'a qu'à lire les journaux, qu'à ouvrir la télévision, c'est la haine qui fait les gros titres. On dirait que tout est en train de se défaire, de se détricoter sous nos yeux.

«C'est notre monde!» dit-on. En tout cas, on l'a rendu comme ça. Nous en sommes sûrement tous complices et victimes à la fois. Et tout porte à croire qu'on ne le changera pas de sitôt. Alors l'amour, pouvez-vous me dire...

Justement, c'est pour cela que j'ai d'autant plus envie de le raconter. Et puisque c'est contagieux...

C'est décidé! Je pars à contre-courant : je parlerai d'amour, et en pleine période de guerre! De toute façon, des guerres, Dieu sait qu'il y en a toujours et partout. Partout dans le monde, bien sûr, mais aussi dans les familles, dans les maisons des voisins, dans les nôtres, au bureau, à l'usine, partout où il y a des hommes et... des écureuils!

Tenez, maintenant, juste là pendant que j'écris, il y en a deux à côté de moi qui se disputent violemment la même arachide. J'entends les drôles de cris qu'ils se lancent en se tenant debout sur leurs pattes de derrière... C'est bien une guerre! *Live* et en direct!

*Il y a un écureuil, et puis un autre plus gros qui vient d'arriver. Une arachide innocente et tranquille prend du soleil sur la galerie entre les deux. Un trésor!*

*Suspense. La tension monte. Le plus gros grogne, siffle des injures, lève la queue, montre ses incisives menaçantes comme certains paraderaient avec des F-16 flambant neufs. Les oiseaux se taisent et les feuilles observent, évitant tout bruissement. On connaît bien ça, l'asphyxie des feuilles qui veulent rester neutres dans un conflit et qui retiennent leur souffle trop longtemps et qui deviennent rouges, rouges... Ici, tout le monde regarde, mais personne ne s'en mêle. C'est partout pareil... On laisse faire, à moins que quelqu'un ne trouve un réel intérêt personnel à intervenir pour séparer les belligérants et à secourir le plus faible.*

*Un temps.*

*Le petit écureuil s'affole, court sur place. En rond, puis encore en rond, puis de long en large. L'arachide sent bon l'arachide à travers son étui croquant. Tant pis, il a faim. Après tout, c'est bien lui qui l'a découverte en premier! Il risque le tout pour le tout et s'approche. Cette fois, c'est vraiment la guerre! Le gros bondit en avant en hurlant de colère. Cette arachide est à lui. Il est le plus fort, donc elle lui appartient!*

*Le petit se fige sur place, glacé de peur. Il recule. Le gros l'attaque à nouveau. Le petit n'insiste pas, il a compris le message. Je le vois qui se sauve à toutes pattes. Je ne crois pas qu'il revienne de sitôt! C'est juste un petit, il se contentera des restes... s'il en reste! Quel autre choix a-t-il de toute façon?*

*Le gros écureuil s'installe et mange tranquillement. Il est le plus gros, il est donc parfaitement dans son droit! Les oiseaux n'ont rien vu, rien entendu. Les feuilles ne prendront pas la défense de personne, c'est couru d'avance. On dira aux spectateurs de ne pas s'en faire, que tout est sous contrôle et que la paix est revenue. Tout cela n'aura pas duré trois minutes.*

*Plus tard dans la journée, le petit écureuil chipera un bout de pain à un moineau minuscule à qui il fera peur. Voilà. Point final et sans points de suspension. L'histoire est terminée.*

Alors, l'amour dans tout cela? L'amour... Oh! l'amour? Je n'en sais rien. Moi aussi, j'écoute la radio, je regarde les reportages à la télé. Je lis les journaux, comme tout le monde. C'est plein d'histoires de grands et de petits, des histoires de dévorants et de dévorés, des histoires de gens qui pleurent et de ceux qui les font pleurer.

Il y a des milliards d'histoires semblables, toutes tristes et terriblement injustes. Peu de gros et de puissants écureuils et une multitude de plus faibles qui, à leur tour, se prendront pour d'importants écureuils et qui en bousculeront violemment d'autres qui sont encore plus petits. Et ça se perpétue partout et on ne dit rien.

Certains jours, donc, je me promène comme cela avec mon gros amour à bout de bras et je me demande où je pourrais le déposer, même un instant. Je veux dire, dans un endroit qui ne serait pas piégé.

Après tout, peut-être que ça ne se partage pas, un grand bonheur d'amour comme celui-là? Peut-être que ça se garde sous cloche et pour soi tout seul?

«Surtout n'en parle pas! me dit-on souvent. Sois prudente, on ne sait jamais!»

Pourtant…

# 3

## *Comme une grande peine d'amour...*

C'était un 13 août...

*Il y a eu un orage épouvantable, la nuit dernière. Du jamais vu. Le tonnerre d'une force inouïe et des trombes d'eau qui nous tombaient dessus. On aurait dit des murs, de vrais murs de catastrophes! Des murs pleins et durs comme celui des Lamentations.*

*Je me suis mise à écrire en italique parce que j'avais peur...*

*La nature se tordait de douleur, on l'entendait crier dans la nuit telle une bête sauvage prise dans un piège. Les arbres craquaient de partout. Ce sont six mille éclairs en moins d'une heure qui ont éclairé en stroboscope les feuilles et les branches arrachées par le vent et qui se noyaient en tournoyant dans l'espace rempli d'eau.*

*Devant un tel déchaînement, on se sent toujours si petit, si impuissant, avec la maison qui tremble jusque dans ses fondations...*

*Je tremblais dans mon ventre, moi aussi. C'est fou, la peur, ça vient de très loin. Ça a l'âge du monde et le monde est vieux, beaucoup plus vieux qu'on ne le croit.*

*Il craque de partout, le monde, par trop de rides. Il craque à force de s'abîmer l'essentiel dans des impasses impossibles.*

*L'orage se prenait pour un ouragan et, à un moment donné, il s'est mis à vouloir ressembler à une petite fin du monde.*

*Trop de violences contenues, trop de méchancetés accumulées qui réclament vengeance à tout prix, trop d'injustices, trop de larmes retenues, trop de souffrances, provoquées ou subies, c'est pareil.*

*C'est pour cela que l'orage a éclaté d'un coup et sans avertissement. Il a tout mélangé dans son déchaînement, confondant les bourreaux avec les victimes. Ça a fait une grande soupe de malheurs à glacer le sang dans nos veines.*

*Et encore et toujours ces coups de tonnerre répercutés à des dizaines de kilomètres à la ronde.*

*Oui, la nuit dernière, j'ai vraiment entendu hurler le monde derrière les portes et les fenêtres fermées de cette maison qui bientôt ne sera plus la mienne.*

*Voilà, c'est décidé, je pars. Demain, je vais visiter de nouveaux appartements. Je laisse toute mon ancienne vie derrière moi.*

*Les dés sont déjà jetés quelque part dans des dimensions parallèles, là où les jeux se font et se défont sans que souvent nous en prenions conscience. J'obéis à ce qui arrive. Je n'ai pas le choix.*

*C'est comme ça.*

\* \* \*

Oh! comme on y est dans ce monde de chagrin et comme on y tient! Et comme on s'y cramponne!

On a les deux pieds dedans et tout le reste avec. C'est toute la mer à boire, ce grand lac salé rempli avec nos larmes!

Il est difficile d'être heureux, vous ne trouvez pas? Le bonheur, on dirait qu'on ne sait pas trop comment ça marche. D'autant que ça recule toujours! Où trouver le temps ou le courage de s'y mettre? C'est comme la petite ligne rose au bout de l'horizon. Pas évident de l'attraper!

De toute façon, si jamais on finissait un jour par y toucher, au bonheur, ne serait-ce que du bout des doigts, on déconseille vivement de le crier sur les toits. Paraît que ça lui ferait peur et qu'il risquerait de s'envoler comme un oiseau affolé et aussi vite qu'il serait venu!

Bien sûr, on dit qu'on veut être heureux, on le réclame même à cor et à cri, c'est bien normal. Cependant, du même souffle, on affirme aussi qu'il faut être prudent avec le bonheur parce qu'apparemment le bonheur serait… tordu! À peine y aurait-on goûté un peu qu'on devrait en payer très cher le prix car il cacherait des épreuves dans son sillage. Des épreuves terribles auxquelles il serait impossible d'échapper par la suite. Le bonheur n'est pas si innocent qu'on pourrait le penser; c'est ce qu'on raconte, en tout cas!

— Moi, ça va très bien! dit la jeune femme en souriant.

— Alors, profites-en, ça ne durera pas! lui balance ironiquement son beau-frère qui vient de la croiser dans la rue.

Et vlan! Le germe du doute s'infiltre. La jeune femme a un léger pincement au ventre. Elle sourit encore mais…

— Comme il fait beau aujourd'hui! s'exclame le boulanger.

— Ouais, mais il va sûrement pleuvoir comme d'habitude pendant la fin de semaine! répond sa cliente en comptant sa monnaie.

Tout le monde dans la boutique a entendu la conversation. Il y a une toute petite ombre qui se met à flotter entre les comptoirs, une ride minuscule sur une si belle journée.

— Hier, je disais justement à mon mari que j'étais dans une forme incroyable, et puis voilà, ce matin, je me lève avec cette terrible rage de dents!

— Vous auriez mieux fait de vous taire! s'écrie la voisine qui la voit partir chez le dentiste.


Ces petites phrases qu'on entend dix fois par jour, on les croit anodines, mais comme elles sont lourdes de sens et comme elles teintent de brun sale et de gris notre quotidien!

On finit par être persuadé que la vie est bien mauvaise ou sournoise puisqu'elle s'amuse à nous frapper et à nous punir justement quand ça va bien et surtout quand on en parle.

Comment en sommes-nous arrivés à penser comme ça? Ah! ces notions erronées sur le bonheur, on nous les a bien entrées de force dans le crâne depuis que nous sommes petits. À présent, elles doivent être inscrites en filigrane dans notre subconscient et même en couleurs fluorescentes dans notre bagage génétique! On sait bien qu'elles ne sont pas vraiment justes, mais, c'est plus fort que nous, on y croit…

Par contre, le malheur, lui, on peut l'exprimer au grand jour sans courir de risques. Ça ne va déranger personne. Pas de jaloux compulsifs ou de rogneurs d'ailes pour nous en empêcher. De toute façon, quoi qu'il arrive, le malheur, lui, ne nous fera jamais faux bond! Il est toujours de garde et prêt à nous rentrer dedans! C'est fidèle, le malheur, et puis ça n'arrive jamais seul. Un genre d'ami à l'envers, quoi! D'une certaine façon, on dirait que c'est rassurant, quand on est soi-même malheureux, d'en voir d'autres qui dégustent. Oui, oui, on connaît ça, le malheur, et on sait depuis toujours qu'on peut compter sur lui! Cela fait des millénaires qu'on souffre, qu'on se tape des catastrophes en série, qu'on s'entretue et que le mauvais sort s'acharne sur nous. Pas de raison que ça change aujourd'hui!

C'est très pénible de devoir naître, vivre et mourir malheureux, mais comment imaginer qu'il puisse en être autrement? Cela se saurait certainement si le malheur était en train de faire ses valises et s'il comptait nous abandonner demain matin.

Alors, aussi bien accepter l'idée que nous sommes voués à souffrir à jamais et que décidément le bonheur n'est pas de ce monde. Ce sera peut-être différent quand nous serons tous confortablement installés au paradis (en admettant qu'il existe!), mais d'ici là...

Parions donc tout de suite sur des valeurs beaucoup plus sûres, plus concrètes, comme... l'argent, par exemple... Oui, parions sur notre capacité à faire beaucoup, beaucoup d'argent et rapidement! Ça, c'est du concret, et ça sera autant de gagné sur la vie!

Les millionnaires ne sont peut-être pas plus heureux que les autres (c'est drôle comme on veut nous le prouver coûte que coûte dans les séries américaines sur les gens riches et célèbres!), mais le malheur est certainement moins pire à supporter quand on a un joli magot de dollars virtuels dans son compte en banque ou de vraies pièces d'or bien à l'abri dans un coffre-fort en Suisse!

Autant l'avouer, les gens qui sont heureux (ou qui ont l'air de l'être), c'est pas mal agaçant! Dans quel casier normal est-ce qu'on peut bien les faire entrer? Ils sont hors norme, ils dérangent, ils dépassent de partout. Qu'ils se taisent et qu'ils se tassent avec les autres. N'ont-ils pas encore compris que nous ne sommes pas venus ici sur terre pour rigoler?

«Le bonheur, ça ne se peut pas, ou alors il n'est pas viable, ou bien il est dangereux. Aussi bien ne pas trop s'y frotter!» Ce n'est pas toujours exprimé si clairement, bien sûr, mais ces déplorables considérations sur le bonheur sont véhiculées à travers toute la société et elles font subtilement mais définitivement leur œuvre de déstructuration au cœur de chacune de nos cellules. Et de cela, je crois que nous sommes tous complices.

Est-ce pour cela qu'il y a si peu de gens autour de nous qui sourient? Je veux dire, qui osent sourire pour de vrai, avec toute leur âme à découvert. Dans la rue, dans le métro, dans les magasins, dans les files d'attente à la banque ou au cinéma, ce sont tellement plus souvent des visages maussades ou fermés qu'on rencontre.

Serions-nous tous à ce point définitivement malheureux ou bien avons-nous tout simplement peur d'exprimer autre chose devant les autres? Je me pose la question…

C'est tellement bon pourtant de sourire et d'éclabousser de soleil l'espace alentour! Mais on dirait que sourire à quelqu'un dans la rue, juste comme ça parce qu'on se sent bien, c'est devenu presque une provocation. Surtout si la température est maussade, que le prix du pétrole est en hausse ou qu'on se pense en récession!

On peut bien étaler tout ce qu'on veut de drames et de misères ou rapporter le pire dans ce qu'il a de plus sordide et de plus terrifiant, ça, c'est accepté partout et absolument sans problème! Mais afficher son bonheur de vivre, son bonheur d'aimer surtout, c'est plus délicat! J'en ai fait l'expérience et vous l'avez sûrement vous-mêmes constaté : sourire d'amour, montrer sa joie et en parler publiquement, c'est souvent perçu comme étant plus subversif que de raconter des catastrophes.

La télévision, on le sait, se gave continuellement et avec délectation de drames et de désastres. Elle n'a plus de scrupules à montrer, même aux heures de grande écoute, des opérations à cœur ouvert en direct et des dévoilements de cerveau à la scie circulaire, des liftings sanglants, des peelings à donner froid dans le dos. Aux informations, la une est toujours accordée en priorité aux accidents d'avion ou de voiture, aux carambolages de train, aux prises d'otages et aux crimes en série. Il n'y a vraiment pas de censure pour les corps déchiquetés ou décapités par les bombardements, ni pour les cicatrices en gros plan des torturés de guerre. C'est ce qu'on appelle très sérieusement la liberté d'expression!

C'est vraiment à qui montrera avec le plus de détails sordides la pire des atrocités. On fait même des courses à l'horreur entre chaînes de télé parce que ça plaît et que ça fait monter les cotes d'écoute. Imperceptiblement et sans qu'on s'en inquiète, la dose de violence acceptable augmente toujours de plus en plus. Tout est permis maintenant pour rester en tête des diffuseurs. D'ailleurs, pourquoi pas, puisque presque plus personne ne proteste!

De toute façon, pour les gens *évolués* que nous sommes, il n'y a pas de problème, nous sommes capables d'en prendre! Nous voulons tout voir. Nous pouvons tout voir! Et nous y avons droit!

Nous pouvons tout voir, oui! Le hic, c'est que ça ne nous fait plus rien. J'ai l'impression que, petit à petit, notre tolérance à la violence augmente. C'est comme si toutes ces atrocités étaient devenues tellement banales qu'elles ne nous émeuvent plus vraiment. Ou si peu et pour si peu longtemps.

Trois minutes! Si vous êtes comme tout le monde, vous éprouvez une émotion pendant les trois minutes de la nouvelle télévisée. Cela vous fait alors vous écrier : «C'est épouvantable!» Puis c'est tout. On termine sa vinaigrette aux fines herbes ou on vérifie la cuisson du poulet dans le four. Si on a un peu plus d'espace libre dans sa tête à ce moment-là, on se fait peut-être la réflexion qu'on habite définitivement dans un monde pourri. Mais là les enfants surgissent dans la cuisine avec une faim de loup. Et le vol de banque ayant fait six victimes en Alabama, le tremblement de terre du Pérou ou l'inondation au Bangladesh, c'est bien triste, mais... Mais, en fait, n'est-ce pas plutôt au Yémen que c'est arrivé?... On ne le sait plus trop!

Mais quoi? On a d'autres chats à fouetter et, de toute façon, on n'y peut rien! Bon, le poulet doit être cuit maintenant et la table qui n'est pas encore mise! Et les devoirs qui ne sont pas commencés et la robe qu'on a oublié de prendre chez le nettoyeur! Justement celle qu'on voulait absolument mettre demain pour ce rendez-vous avec le nouveau client!

Alors, les histoires de chômage du voisin, la lointaine sécheresse ou le massacre de l'Africain de je ne sais quelle Afrique, ou le travail des enfants chinois en Indonésie, justement, c'est plutôt du chinois! C'est bien terrible, tout ce qui se passe dans le monde et autour mais, encore une fois, qu'est-ce qu'on peut y faire? C'est partout pareil et les problèmes ne semblent pas prêts de se régler.

Et pendant ce temps-là la vie se sauve... À toute vitesse et loin. Parce que plus rien n'a vraiment d'importance pour personne. Jour après jour, on s'est laissé inoculer l'accoutumance aux drames et à la violence sans se rendre compte que ce vaccin insidieux nous mettait peut-être de ce fait à l'abri du bonheur et de l'amour. C'est comme si on devenait insensibles ou gelés ou imperméables. Comme si, peu à peu, le malheur était devenu tellement normal qu'on n'était plus vraiment touchés par ce qui se passe en dehors du petit périmètre clôturé de notre maison et de celui, à peine plus grand, de la cour arrière.

Mais ce qui est encore plus grave, c'est que nous ne sommes pas devenus pour autant plus attentifs à ce qui se passe en nous. Je veux dire : vraiment à l'intérieur de nous.

Oh! il n'y a pas que les nouvelles télévisées qui soient responsables de cette insensibilisation générale! La télévision, c'est seulement un implacable miroir grossissant de nous-mêmes. C'est toute la société dans laquelle nous vivons qui pousse dans ce sens. C'est ça qui est vraiment inquiétant.

Parfois, je nous regarde marcher en rond, avec notre gros sac à dos plein de malheurs programmés et inévitables, comme des fourmis aveugles et épuisées sur un grand jeu de Parchési... Je me demande alors comment devenir plus conscients de ce qu'on est et plus présents à ce qu'on vit. Il serait pourtant urgent de s'y mettre. Les jours défilent, ils nous glissent entre les doigts. Impossible d'emprisonner le temps!

Oh! il y a tellement de choses qu'on voudrait faire, et puis des quantités de mots qu'on aimerait dire... et autant de rêves essentiels qu'on s'était bien promis de réaliser un jour... quand on serait grand! Mais voilà, on est déjà grand! Rien n'est accompli de ce qu'on se promettait. On est en stand-by continuel mais sans savoir ce qu'on attend vraiment pour commencer à vivre.

Au lieu d'être en pleine possession de tous ses moyens, au lieu de se déployer avec les années, on dirait plutôt qu'on se ratatine, on se dessèche. Pire ! On se racornit aux entournures comme de vieux parchemins. Le corps et le cœur s'amenuisent. Plutôt que de se dilater, l'âme a tendance à se rétrécir. Peut-être que c'est voulu… C'est tellement encombrant, une âme qui grandit et qui crie. C'est beaucoup plus pratique de faire semblant d'oublier qu'elle existe… Tout le monde fait comme ça, ou… presque.

Et puis, le jour où on s'y attend le moins, il y a un grand désespoir qui surgit en nous et qui s'y installe. C'est vaste et douloureux comme une peine d'amour… C'est ça… Ça ressemble à une grande peine d'amour en forme d'ombre grise qui s'étire devant nous… C'est là qu'on réalise qu'on a perdu le fil, qu'on ne sait absolument pas qui l'on est et qu'on n'est pas heureux. Même si on pensait jusque-là que le malheur était normal pour tout le monde, qu'il était inéluctable et même obligatoire, là ça ne passe plus !

À ce moment-là, si on a le courage de le voir, on risque de constater bien rapidement que le vrai problème, c'est qu'on n'a jamais été aimé comme on aurait espéré l'être un jour et qu'on ne sait pas vraiment aimer non plus et que…

Mais quoi ? Qu'est-ce qui se passe ? Qu'est-ce que je raconte ? Sûr qu'on aime ! On n'arrête pas d'aimer ! On aime à cœur de jour ! Les carottes, le bon Dieu, la campagne et les hot-dogs. On aime sa mère, le ski nautique, les bandes dessinées, le champagne et son garagiste ! On aime aussi le cinéma, son mari, les mathématiques, ses enfants, le chocolat et son nouveau lave-vaisselle. On pourrait en écrire comme ça une infinité, à la queue leu leu, et ça ferait comme un petit train! Tchou-tchou!

Bien sûr qu'on aime! Oui, mais voilà, c'est le même mot pour tout! Il n'existe qu'un seul et unique mot pour exprimer tout notre amour! Il est drôlement galvaudé, ce mot du dictionnaire! Tellement mal compris aussi.

C'est quand même étrange, cette pauvreté du vocabulaire, vous ne trouvez pas? Pas de différences, pas de nuances, pas de couleurs à l'infini pour exprimer ce sentiment si vaste et si mystérieux. On dit seulement «j'aime» pour tout. Et cela devrait suffire? Pourtant, comme il est important dans nos vies, ce grand sentiment qui ressemble à un petit mot!

Qu'est-ce qu'on se souhaite à grands coups d'embrassades, de gros becs sucrés, de cadeaux, de cartes de vœux et de mots doux au nouvel an, à Noël ou aux anniversaires? De l'amour, bien sûr! Et si, là maintenant, on se demandait tous intérieurement ce qui nous manque vraiment le plus, il y aurait de fortes chances pour qu'on réponde tous sponta-nément : «De l'amour!… Avec plus d'amour, ça irait mieux. Dans nos vies et dans le monde aussi!»

Et on se regarderait avec des yeux pleins d'espoir comme si on pouvait y changer quelque chose. Comme si le destin pouvait faire une excep-tion, pour une fois.

«Dis-moi, qu'est-ce que je dois faire? Je me sens si seule!» m'a écrit, le mois dernier, Madeleine, une belle grande fille de Gaspé, intelligente et vive. «Tout va bien pourtant, le travail ne manque pas, j'ai ma nouvelle voiture et la maison est payée. Mais j'ai ce poids sur le cœur… C'est comme une grosse pierre dans le fond d'un lac… Je n'en peux plus d'être seule. Je me dis qu'il va bien finir par arriver, l'homme de ma vie!»

Madeleine voudrait tant être aimée! Nous sommes des milliards comme elle à vouloir être aimés! C'est l'urgence à l'échelle mondiale et c'est d'envergure internationale! Nous voulons être aimés absolument et coûte que coûte.

Demandez-le à n'importe qui : quel que soit l'âge que l'on a ou le milieu d'où l'on vient, c'est pareil. Sans amour, on se retrouve tôt ou tard dans un cul-de-sac. Impossible d'aller plus loin, c'est bloqué! Même si on a beaucoup d'argent!

Vous savez, quand je ne dors pas, la nuit, il m'arrive d'entendre la grande plainte du manque d'amour qui sort de nos poitrines d'êtres humains. Il y a tant d'hommes, de femmes, de vieillards et d'enfants sur la planète qui crient tous leur désespoir en même temps! Peut-être que ça semble étonnant, mais je les entends vraiment certaines nuits!

Parfois, je me bouche les oreilles, parce que c'est terrifiant d'être branchée comme ça sur la souffrance vive de l'humanité.

«Je voudrais tant qu'on m'aime!» disent-ils tous ensemble dans un même cri, un cri qui vient autant des plus pauvres bidonvilles, que des condos super-modernes et des riches villas du bord de la mer.

«Aimez-moi, je vous en prie. Avec le meilleur de moi, avec le pire aussi. Avec mes bonnes intentions et mes maladresses, avec mes méchancetés, mon cynisme et cette pulsion que j'ai parfois de tout détruire, même ceux qui pourraient m'aimer… Je vous en supplie, aimez-moi malgré tout! J'aimerais tant que quelqu'un m'aime. Que quelqu'un m'aime vraiment, pour une fois!»

Oui, certaines nuits, du fond de mon lit, je vous l'assure, cette prière désespérée m'arrive vraiment, à peine assourdie par la distance. Alors mon angoisse, celle qui m'appartient, se mêle à la terrible purée sonore et terrifiante du chagrin d'amour du monde.

C'est ainsi que la nuit se prolonge. Douloureuse et interminable dans mes draps fleuris. Et je ne crois pas que je puisse jamais m'y habituer…

Comment se le cacher? La planète a mal. Nous avons tous mal. Nous le ressentons tous, quelle que soit l'histoire dans laquelle il nous faut jouer. Nous sommes bien plus que de simples organismes biologiques prisonniers dans un gant de peau. On a aussi une voix quand on souffre… Une voix rauque et désynchronisée, un peu comme un cancer qui prendrait la parole sans qu'on le lui ait jamais demandé.

*Aime-moi*… Mais d'où vient-il, ce désir plus grand que nous? D'où vient-elle, cette quête insensée d'amour à tout prix? D'où jaillit cette exigence? Sera-t-on capable de le combler un jour, ce besoin primordial d'être totalement aimé? Ou bien faudra-t-il s'en débarrasser et le faire taire une fois pour toutes pour être enfin tranquille?

Oh! c'est finalement assez commode de faire comme si de rien n'était! Un manque d'amour essentiel, je pense que ça peut se cacher bien simplement dans une garde-robe! On en connaît tous, des gens comme ça, qui gardent volontairement les yeux fermés en décidant de ne rien voir pendant toute leur vie. «Ce qu'on ne sait pas, ça ne fait pas mal!» disent-ils avec conviction. C'est la direction bien évidente que propose la société, après tout. Vaut mieux ne pas se poser de questions! Nous devenons ainsi tellement malléables, si faciles à diriger, à contrôler. Et d'autres profitent de notre aveuglement. Ils en profitent énormément et sans scrupule! Ça, c'est certain!

Pour arriver à oublier ce qui se passe vraiment en nous et autour de nous, on peut s'asseoir plusieurs heures par jour devant la télévision. C'est simple! Qui ne le fait pas au moins de temps en temps? Il y a aussi les films, les sports, les cours de la Bourse, Internet, la bouffe, l'alcool, les discothèques et tout le reste. Et si on veut s'évader encore plus, il y a toujours les drogues dures. Parmi elles, le travail à n'en plus pouvoir s'arrêter, les aventures de toutes sortes, les prouesses sportives extrêmes ou les *parties rave*. Il y a bel et bien trente-six mille façons d'y parvenir.
Oui, oui, on peut arriver à se la cacher, cette fameuse réalité du manque d'amour. Mais… juste

pour un temps. Je pense que la vie nous attend toujours, c'est comme si on s'était donné quelque part un certain rendez-vous. On se pense tranquille, on évite de se remettre en question et de repenser sa vie et puis voilà que le désir d'aimer et d'être aimé nous rattrape. Plus on a voulu le faire disparaître au loin, plus c'est terrible quand ce manque d'amour refait surface.

Je ne crois pas qu'on puisse l'éviter, il y a toujours un moment où l'on finit par se réveiller. Et bien brutalement parfois! Ça peut être à l'occasion d'une séparation, d'une maladie grave, de la mort d'un proche, d'un tremblement de terre, d'une perte d'emploi ou à cause du suicide de son enfant. Qu'importe, mais quand ça arrive, on n'a pas le choix. On ne peut que s'arrêter, que se regarder en pleine face et que constater. Constater sa solitude, sa dépendance, sa fragilité, reconnaître l'inutilité de sa vie et surtout l'absence d'amour dans son existence. Alors, tout notre beau petit monde bien confortable et bien rassurant s'écroule d'une seule secousse, comme un pauvre château de cartes dans un gros courant d'air.

Et voilà que la peur survient devant le désastre qu'est devenue notre vie ou encore devant la banalité et l'insignifiance qu'elle a prises...

Vous le savez bien... C'est une peur sournoise et incontrôlée, celle de ne plus être en existence.

# 4

## Toute la douleur du monde

C'était le 10 septembre, je m'en souviens bien…

*Il est 23 h 30. Dans l'avion qui me ramène en Amérique, il fait encore soleil. Le jour d'aujourd'hui se prolonge si longtemps que c'en est presque irréel…*

*Pendant quarante heures, le paradis s'est ouvert. Nous venons de passer presque quatre jours ensemble pour la première fois !*

*Je viens à l'instant de relire toutes nos lettres. Un pauvre petit trésor qui tient dans une enveloppe ordinaire. Tu me manques déjà tellement. Ta présence, ton odeur, tes mains sur moi, cette façon que tu as de me regarder qui me fait vivre mille fois plus. Je ne sais plus si je dois pleurer parce que je m'éloigne de toi ou crier de joie de nous être à ce point rapprochés. Alors, je vole ! Il y a des villes toutes blanches faites de nuages qui brillent dans le soleil qui ne s'éteint pas. Tu entends la musique dans mes écouteurs ?*

*Tout mon être est vibrant et devient antenne pour capter ta présence dans l'air autour de moi. Tu es là, tu es là, je le sais…*

*Je refais mille fois cette montée au château de Montségur, ces arrêts aux dix mètres pour que je reprenne mon souffle et pour laisser la vie monter de nous comme de la sève et éclater dans des étreintes infinies. C'est comme si nous les avions manquées ou attendues toute notre vie, ces caresses de pure douceur.*

*Et puis là-haut, cette longue pause devant le paysage déroulé à nos pieds. Alors, ce fut l'éblouissement!*

*Je sens tout d'un coup ta main sur moi qui glisse, qui explore de nouvelles avenues pour l'amour. Ça y est, tout mon être cède, je te laisse faire. Je suis à toi, totalement à toi.*

*Tu penses à moi, c'est ta chaleur que je ressens dans mon ventre. Tu es là, je t'entends. Tu me dis que tu m'aimes, que tu me voudrais avec toi, là tout près, tu dis que la vie va nous réunir à nouveau. Tu dis que les choses sont différentes depuis que je suis avec toi, que tu as changé, que tu t'es redonné le droit d'être heureux. Tu me dis merci et puis encore «je t'aime». Tu dis que demain il fera beau et que les genêts te feront toujours penser à moi. Tu dis qu'il y a une douceur nouvelle qui s'est installée en toi. Tu dis qu'elle me ressemble. Tu dis que j'habite ta vie maintenant et que désormais plus rien ne sera comme avant. Tu me prends sur toi et toutes nos cellules se reconnaissent et se remettent à vivre à un nouveau rythme. Tu dis qu'un jour nous aurons le temps de nous raconter l'éternité.*

* * *

Oh oui! c'est bien l'amour qui réveille et qui met tout en branle! Sans lui, on se tarit, on se décolore. On risque même de s'endormir ou de s'arrêter carrément.

Il me semble que je pourrais essayer d'expliquer ça...

Vous savez, avant qu'il n'arrive dans ma vie, je devais être en train de dormir, de vieillir... Je m'en rends compte à présent, à cause de ce qui se passe de différent en moi. Par cet amour, j'ai l'impression d'être revivifiée de l'intérieur. Comme une couleur subitement retrouvée, ravivée, une couleur qui s'était affadie avec le temps et que j'avais malheureusement oubliée. Quelle joie je ressens à la retrouver intacte, cette brillance d'origine! L'amour m'a ragaillardie, j'ai l'impression de revenir à moi après un long moment d'absence.

C'est à travers l'amour que la vie se répète et se prolonge. C'est normal! Un beau jour, deux humains se rencontrent quelque part et se reconnaissent. Ils se rapprochent, ils se désirent et ils s'aiment. Et puis après, souvent, il y a un enfant qui vient.

C'est comme ça depuis que le monde est monde! C'est une belle histoire, en tout cas, que celle de la conception d'un nouvel être humain et de la continuation de l'espèce par deux amoureux qui s'aiment dans l'extase du corps et de l'âme.

J'ai toujours pensé que l'amour devrait être la condition absolue pour mettre un bébé au monde. Il me semble que c'est l'évidence même, mais ce n'est pas toujours le cas et on le sait bien! Il ne faut pas chercher très loin pour le constater, il y a tellement d'enfants qui arrivent ici par accident, par inadvertance, par imprudence. Pas si grave, dit-on parfois. Moi, je trouve au contraire que c'est bien plus grave que ça ne paraît! Il me semble qu'un être humain devrait toujours être conçu par amour. Sûrement que ça doit être inscrit dès le départ dans l'alphabet de nos gènes et qu'il est impossible d'y échapper.

Non, ce n'est pas un luxe, l'amour, ni un caprice ni une fantaisie romantique. C'est vital! Quand on en est privé tout petit, quand on est sevré trop tôt de l'aliment essentiel qui devrait nous nourrir toute notre vie, c'est épouvantablement difficile et ça prend vite des allures de tragédie.

Sans amour, on devient un peu comme ces enfants tristes et immobiles que je rencontre parfois au fond des lits d'hôpitaux.

Vous savez, cela fait plus de dix ans maintenant que j'accompagne des enfants atteints du cancer ou d'autres maladies très graves et il m'est arrivé de m'occuper de ces petits malades pratiquement abandonnés par leur famille. En les regardant, je ne peux m'empêcher de penser à nous tous…

Bien sûr, ils bénéficient de tous les soins médicaux dont ils ont besoin, ils ont des contacts humains quotidiennement, ceux des médecins, des infirmières et des intervenants de toutes sortes, mais il leur manque *quelqu'un* d'absolument essentiel, un père, une mère, quelqu'un de vraiment proche qui les aimerait totalement. Quelqu'un d'unique pour qui se battre et guérir.

Ils sont à ce point à court de vitalité, ces petits enfants mal-aimés, qu'ils ne s'en sortent pas souvent. Pour qui guériraient-ils, de toute façon?

Quand l'abandon se prolonge trop, je veux dire, au-delà d'une certaine limite qui leur est propre, ils ne réagissent plus. C'est terrible, ils finissent même par se taire. Ils acceptent tout sans une plainte : les examens, les injections, les médicaments et les traitements difficiles. Comme si c'était normal pour eux d'avoir mal. Vous savez, il y a des enfants parfois qui ne savent même plus comment pleurer parce qu'ils l'ont tout simplement oublié! À cela, je crois que je ne me ferai jamais…

Oh! ce ne sont pas des patients très dérangeants. Ils arrêtent un jour de demander, de réclamer et d'attendre car ce n'est plus la peine. Le personnel soignant finit souvent par s'en désintéresser sans le vouloir. Je peux le comprendre, il y a tant d'autres enfants bien en vie qui hurlent à pleins poumons dans les chambres d'à côté et il y a déjà si peu de temps disponible…

Ces enfants qui ont abdiqué par manque d'amour, ils sont pour moi… toute la douleur du monde. Alors, je les prends dans mes bras, ces petits mal-aimés, je les berce et je les embrasse. Mais comment vous expliquer? C'est comme si même leur corps était fuyant. Ils n'arrivent pas à s'abandonner, ils sont tout rigides, comme déconnectés… Avec leurs yeux éteints et la détresse de leur silence, si vous saviez comme ils peuvent crier fort, comme nous, et à tue-tête : «Aime-moi! Aime-moi, s'il te plaît!…»

Cependant, j'ai réalisé que si je me mets à les aimer, ces petits, même juste un peu, juste quelques heures d'affilée pendant quelques jours, c'est miraculeux! Leur regard reprend vie, leurs petites mains se détendent, ils se mettent à sourire timidement, ils s'essaient à articuler de jolis sons pour me plaire. On dirait... qu'ils revivent! Ils sont aimés, ils reprennent espoir. Ils réapprennent même à pleurer.

Je vous ai parlé des enfants malades abandonnés parce que je les connais bien, mais je pourrais aussi bien parler des enfants bien-portants et sans histoire qui se meurent eux aussi de l'intérieur à cause d'un manque d'amour chronique. Nous en connaissons tous, de ceux-là. Ils se remarquent facilement à cette manière qu'ils ont de nous regarder sans nous faire confiance. Ils semblent durs et à toute épreuve, mais comme ils sont fragiles en réalité! Ils sont cassables et sans défense tels des vases fissurés et mal recollés. Eux aussi auraient tellement besoin qu'on les berce!

Bien sûr, ils vont vivre, grandir et s'en sortir... Cependant, privés d'amour, ils deviendront des adultes bien vulnérables. Ou alors ils seront délinquants, marginaux et totalement mésadaptés en société... À moins qu'ils n'y obéissent systématiquement et qu'ils ne s'y conforment en suivant le courant, sans faire de vagues et sans se poser de questions. Ils se cloneront alors les uns les autres, écrasés dans leur fauteuil devant leur téléviseur. Comme ils seront faciles à gouverner, eux qui auront si peur d'être différents, si peur qu'on ne les aime plus.

Et puis il y a tous ces autres mal-aimés qui deviennent agressifs ou carrément méchants. Quand on manque d'amour, ça provoque souvent en soi et autour de soi des querelles sourdes et sournoises qui se transforment sans qu'on s'en rende compte en petites guerres. Des guerres intestines qui n'ont au début que peu de conséquences, mais qui évoluent en guerres de clôture, en guerres de quartier ou de tranchées et enfin en guerres bien plus grosses, de celles qui tuent si stupidement des êtres humains par millions.

Parfois, je me demande… Ne sommes-nous pas tous profondément prisonniers de ce grand chagrin d'amour que vit l'humanité? On a beau mener une vie normale, active et sociale, avoir un conjoint, des parents, des enfants à nous, des amis, un travail, on réalise un jour qu'on avance sans réelle direction, qu'on est comme engourdis, dévitalisés. Ce sentiment d'échec, cette dense et lourde insatisfaction qu'on ressent et qu'on traîne comme un boulet, toute notre détresse aussi ne viennent peut-être que de là, du manque d'amour…

* * *

Déjà le 1er octobre…

*Mon manque de toi est si grand, je n'en peux plus, tu me manques si fort. Je regardais ta photo tout à l'heure et, au lieu de t'y voir sourire, je te voyais pleurer. J'ai mis mes lunettes, sûre que mes yeux me jouaient un mauvais tour. Mais non, tu pleurais vraiment… La photo pleurait. Oh! je t'aime tellement… et tu es si loin.*

55

*Je me sens ouverte sur toute ma surface. Du bout des pieds au bout des doigt et jusqu'au centre de mon front. Je me sens comme une grande croix suspendue dans le vide, attendant cette autre croix toute pareille mais si complémentaire qui fera taire cette détresse de mes cellules.*

*J'ai mal... C'est une douleur si ancienne... Où es-tu, ma vie? Dans quel espace sommes-nous liés à jamais comme deux flammes qui montent et se confondent?*

*Mon amour, mon amour, viendras-tu un jour me rejoindre?*

\* \* \*

Peut-on croire et affirmer malgré tout que c'est... possible d'aimer? Je me trompe peut-être de siècle ou de planète. Je suis peut-être périmée comme un vieux pot de yogourt «passé date» dans le frigo.

— On a des problèmes sérieux à régler, nous! me répond-on quand j'essaie d'en parler. On n'a pas de temps à perdre à parler d'amour!

— Oui, mais la détresse partout...

— Le monde ne changera jamais, tu t'illusionnes. Ton amour, aussi grand qu'il puisse être, n'y pourra rien!

— Pourtant... Cette tendresse pour l'humanité qui vit et palpite en moi depuis qu'*il* est là, et ce désir doux...

— Qu'ils se taisent!

— Mais moi, j'aime! Alors, c'est possible! Il me semble que je pourrais...

— Tais-toi donc!

J'arrête d'écrire. Je fais «effacer» sur le clavier de mon ordinateur. Je colore tout en bleu et je coupe. Reste plus rien. Un écran vide semblable à la vie quand elle commence. Un écran vide comme quand on a tout perdu.

Mais quand il n'y a plus rien, il n'y a rien à perdre non plus! J'attends…

Voilà!… Il y a des brassées de pensées d'amour qui viennent d'éclater dans ma tête et qui retombent sur mon cœur. C'est joli, c'est comme du *pop-corn* animé.

— Silence! Silence! Ça suffit à présent!
— Non, laissez-moi leur raconter cette histoire!

\* \* \*

Il avait 71 ans. C'était le directeur général d'une grosse compagnie de gestion. J'avais souvent vu sa photo dans les journaux car il était à la tête d'un véritable empire financier avec des centaines d'employés sous ses ordres. On le disait redoutable. Il était là, dans une chambre d'hôpital, à côté de celle d'un ami que j'étais venu voir. Je m'apprêtais à quitter ce dernier quand j'ai entendu des plaintes et des râles provenant de la chambre voisine. Je me suis approchée, me demandant si je pouvais être utile à quelque chose.

Une infirmière se trouvait avec le vieux monsieur. Elle vérifiait sa pompe à morphine mais, me voyant entrer et pensant probablement que j'étais de la famille, elle nous laissa seuls, après avoir discrètement pulvérisé dans l'air un désodorisant puissant. En sortant, elle me fit un signe sans équivoque. J'ai compris que c'était la fin.

Je me suis retrouvée là, ne sachant plus trop ce que je devais faire. Je ne pouvais pas partir comme ça et le laisser seul. L'homme semblait soulagé par la morphine, il était encore conscient, mais, de toute évidence, il était en train de mourir.

Dans la chambre, l'odeur était insoutenable en cette fin d'après-midi chaude et collante. Il faisait peine à voir avec ce cancer qui lui avait déjà mangé la gorge et qui s'attaquait maintenant à sa joue droite. D'une maigreur épouvantable dans sa blouse bleue d'hôpital, il n'avait certainement plus rien de l'homme arrogant qui avait renvoyé l'aumônier avec colère et indignation quelques semaines auparavant. Tout le monde en avait parlé dans le service. Ça avait fait tout un scandale. On disait que sa femme était morte de cancer elle aussi, qu'il avait déshérité ses deux fils et que cela faisait un bon moment que personne ne venait plus le voir.

Je me suis donc approchée doucement. Il s'est tourné vers moi et m'a regardée. Ce que j'ai vu dans ses yeux à ce moment-là ressemblait à de la terreur à l'état pur. Il ne pouvait ni bouger ni parler et la mort venait. La mort était déjà là. Et lui, on aurait dit qu'il la voyait distinctement, assise bien droite sur la petite chaise de métal à côté du lit.

Aussitôt, son regard a attrapé le mien comme on attrape une corde quand la glace a cédé sous notre poids et qu'on se sent s'enfoncer dans l'eau glacée. Oh oui! il coulait à pic! J'étais le seul être humain présent et il criait à l'aide. Qu'est-ce que je pouvais faire sinon rester avec lui, prendre sa main et attendre?

Tout d'un coup, il s'est passé une chose incroyable. Cet homme que je ne connaissais pas quelques instants auparavant, je me suis mise à l'aimer. À l'aimer tellement fort que mon cœur a bondi. Je sentais une force infiniment puissante qui allait le rejoindre là où il était et qui le soulevait, le soulevait…

Et lui qui disait ne croire en personne ni à rien, et surtout pas à l'amour, je vous dis qu'il m'a aimée! Il a cherché désespérément de la tendresse au milieu de mes yeux et tout mon être lui en a donné, parce que j'en avais plein à l'intérieur, de pleines réserves de tendresse amassées comme des paquets brillants et qui ne demandaient qu'à se répandre.

Alors l'amour a jailli d'un coup entre nous deux. Entre lui, l'homme qui mourait, et moi, la femme qui passait et qui s'était arrêtée un moment. Sans me quitter des yeux, il a laissé sa main s'abandonner dans la mienne et j'ai caressé longuement sa tête moite et chauve. C'est pour cela qu'il s'est mis à faire un grand soleil doré tout autour. Comme la promesse d'un recommencement, comme la certitude d'un espoir au loin…

Il s'est envolé peu de temps après, et moi, je suis demeurée un bon moment avec lui. J'avais oublié la chaleur et l'odeur un peu âcre de la mort qui flottait dans la chambre. Restaient seulement cet homme et

moi et sa main qui refroidissait un peu... Sa main
qui s'agrippait encore à la mienne comme celle d'un
enfant qui traverse une grande rue pour la première
fois avec sa mère et qui a un peu peur.

Ça aussi, vous savez, c'est une vraie histoire
d'amour...

# 5

## Vu d'en haut, vu d'en bas

*17 octobre.*

*Tu viens de venir… Je n'ai eu qu'à te syntoniser et voilà que, sans attendre, tu es arrivé comme si tu n'espérais qu'un appel de moi pour me rejoindre. Tu es venu jusqu'à moi, franchissant les huit mille kilomètres qui semblent nous séparer, et il y a eu un éclaboussement d'étoiles dorées. Nous avons transcendé le temps, déjoué l'espace, et mon cri de femme comblée a dû te parvenir, à peine assourdi par tout un océan entre nous.*

*Ton âme amoureuse est restée longtemps, une heure et demie peut-être. Ta présence dans la chambre, en moi et sur moi, se dissout lentement dans l'espace…*

*Quel cadeau incroyable, cette possibilité de nous rencontrer vraiment dans un espace qui n'appartient qu'à nous seuls ! Je suis douce, multipliée, vibrante, pleine de ta semence intangible d'homme-amour en moi. Quelle force démesurée nous projette ainsi l'un vers l'autre ? Quel miracle nous permet de nous entrepénétrer comme cela dans un acte d'amour total et absolument pur ?*

*Quelle fulgurance que de faire ainsi l'amour avec toi dans l'invisible! Mon corps, mon âme en tremblent encore. Nous allons si loin ensemble! Quels sont ces mondes d'ici et d'ailleurs qui nous accueillent dans de tels moments d'extase totale?*

*Comme cet amour de nous deux est grand et inévitable et comme nous en savons pour l'instant peu de choses! Nous avons ouvert une porte nouvelle et nous irons voir ce qu'il y a plus loin. Est-ce notre façon à nous de toucher du doigt ces autres dimensions dont l'Amour est la matière première?*

*Je suis rassasiée mais pourtant je me tends encore vers toi comme la corde d'un arc en attente du ciel.*

*Je vis ton amour d'ébahissement en bouleversement. Jamais je n'aurais pu imaginer une chose pareille! Comment deux personnes à tant de milliers de kilomètres de distance parviennent-elles à se rapprocher de la sorte?*

*Les voyages, tu le ressens toi aussi, deviennent de plus en plus faciles. Le chemin est droit, direct et rapide. Il y a maintenant un grand pont ouvert en permanence entre nous. Nous y allons et venons mille fois par jour, juste pour le plaisir de l'emprunter et de savoir qu'il existe, pour l'embellir aussi, l'élargir, le solidifier et le parfaire.*

*Comme il est bon, cet amour de nous deux qui nous agrandit l'âme et le cœur et qui donne à chaque jour la splendeur des grandes fêtes!*

*Je te sens encore si proche... Je n'ose pas me lever tout de suite. Ta tête vit sur ma poitrine, c'est un poids de tendresse incommensurable. Le ressens-tu, toi aussi, ce miracle de nous deux? Le croyais-tu possible?*

* * *

Il y a cent milliards d'étoiles dans notre galaxie. Et nous ferions partie, paraît-il, d'un amas de vingt-deux autres galaxies participant elles-mêmes d'un superamas qui en contiendrait des milliards.

Je ne peux imaginer ni supposer plus! Ma tête est prise de vertige comme si je gravitais autour de notre Terre sur une orbite inventée. Je m'élance dans sa course folle au cœur du système solaire et le voyage commence. C'est déjà une odyssée fantastique pour un être humain de concevoir le voisinage proche de notre ciel, pourtant la Planète bleue n'est qu'une minuscule partie de cette constellation qui nous abrite et celle-ci ne serait apparemment qu'un point dérisoire parmi les milliards d'autres que contient l'Univers!

C'est passionnant de jongler un peu avec l'idée de la vastitude du cosmos, mais mon pauvre petit cerveau s'arrête bien vite, à court d'espace pour accueillir en lui ne serait-ce qu'une infime partie de cette réalité infinie dans laquelle nous baignons. Et le jeu est sans fin! Au fil des années, les galaxies semblent sans cesse se multiplier car les limites de notre vision sont repoussées toujours plus loin. Il y a déjà infiniment plus de superamas de galaxies dans l'espace sidéral que lorsque nous étions petits! Et apparemment bien davantage encore qu'il y a seulement dix ans! Elles ont vraiment l'air de... s'inventer à mesure. En réalité, les mondes inter-galactiques les plus éloignés se mettent bel et bien

63

à exister concrètement quand les astrophysiciens réussissent à les concevoir par la pensée ou quand ils parviennent à les mettre en équations et à les intégrer dans leurs programmes informatiques!

Parfois, je me demande si les étoiles n'attendraient pas tranquillement dans l'infini du ciel qu'on soit capables de les imaginer ou de les penser pour sortir du vide et devenir enfin réelles!

Et moi, est-ce qu'il n'y aurait pas justement quelqu'un qui serait, en ce moment même, en train de me... *penser* pour que j'existe?

Qui suis-je, moi qui habite sur cette Planète pleine d'humains, moi qui aime d'amour sur cette Terre projetée à toute allure dans le vide? Quelle est ma place? Est-ce que je poursuis, moi aussi, une trajectoire éternelle qui pourrait me mener jusqu'à l'infini? C'est vertigineux, j'arrête! J'ai peur de me perdre!

Bon, ça y est, je reviens sur Terre! Suis-je capable à présent de voir où j'en suis?

Oui, j'aime! C'est ça, j'aime. Disons que j'en suis là... Je suis un élément unique de cette totalité de vie, un élément infinitésimal, bien sûr, mais bien présent au présent. J'aime et cela me relie à ma planète, aux étoiles et au noyau vivant des quelques cent milliards de cellules de mon corps de chair. Ce corps avec lequel j'expérimente les mondes qui m'entourent avec mes pensées, mes désirs et mes émotions.

Voilà, c'est tout cela que je *lui* offre quand mon corps s'abandonne. Des milliards de galaxies reliées aux milliards d'êtres humains, eux-mêmes composés de milliards de milliards d'atomes différents, échangeant des milliards d'informations par des trillions de connexions complexes. Comment ne pas m'émerveiller de l'avoir retrouvé, *lui*, dans la vastitude de l'Univers?

Cela m'étonnera toujours, je crois, qu'*il* soit arrivé là, à mes côtés. Ça tient sûrement aussi du miracle que nous soyons à ce point assortis et que nous nous aimions de la même façon et avec la même intensité!

Je le sais bien qu'elles sont difficiles d'habitude, nos histoires d'amour, je n'apprends rien à personne. Je les ai bien expérimentées, tout comme vous. Elles sont compliquées, douloureuses, impossibles et souvent sans issue. J'ai trop des doigts d'une seule main pour compter les couples heureux et unis autour de moi, les couples qui font équipe tout en restant des amants passionnés. C'est l'un ou l'autre, mais pas souvent les deux à la fois.

Vous n'avez qu'à faire vous-même l'exercice. Un doigt va se lever. Deux, trois… quatre peut-être, avec un peu de chance. Mais l'autre main risque de rester bien fermée, muette comme un poing serré. Car si les drames passionnels, les liaisons tragiques et désespérées ou les mariages ensablés sont nombreux, les amoureux d'amour, eux, ne courent pas les rues!

— Je t'ai entendue à la télé, m'a dit une vague connaissance que j'ai croisée hier à l'entrée du cinéma. Tu disais que tu allais parler de l'amour dans ton nouveau livre…

— C'est ça.

— Il va être bien triste, ce nouveau bouquin !

— Mais non ! Pourquoi dis-tu ça ? C'est magnifique, l'amour, c'est…

— Il n'y a pas longtemps, n'est-ce pas, que vous êtes ensemble ? m'a-t-elle répondu tout de suite en jetant un coup d'œil curieux vers *lui*.

— Ça fait déjà quelques années…

— Moins de cinq ans ?

— Eh oui, moins de cinq ans…

J'avais l'impression d'être au tribunal et qu'on m'accusait d'une faute grave. Est-ce qu'il me fallait être encore plus précise et calculer aussi le nombre exact de mois écoulés depuis notre première rencontre ? Elle a pris son temps et une longue gorgée de cola. Elle m'a regardée droit dans les yeux par-dessus ses lunettes et son verre en carton, puis elle m'a lancé :

— Attends, ma pauvre fille, et crois-en mon expérience ! Là, vous êtes encore en lune de miel ! On s'en reparlera dans quelques années. Ça ne durera pas !

— Mais…

— C'est toujours facile, les premiers temps. C'est après que ça se complique. Tu verras !… Tu verras !

Sur ce, elle s'est éloignée dans la foule avec un sourire entendu, en branlant la tête et en haussant les épaules, affichant ostensiblement son profond découragement devant ma naïveté.

Je suis restée là sans savoir quoi répliquer, la bouche ouverte sur du vide. Je fixais stupidement son dos qui, lui, n'arrêtait pas de parler. Finalement, j'ai reçu sa pitié en prime, comme un gros seau d'eau glacée sur mon crâne, quand elle s'est retournée vers nous juste avant de s'engouffrer dans l'escalier mobile.

Je suis restée là sans bouger, presque frigorifiée, déstabilisée, et j'avoue que j'ai eu besoin de serrer sa main très fort pour être bien sûre qu'*il* existe vraiment…

Ironiquement, le film que nous allions voir lui donnait raison. C'était justement l'histoire d'un couple que le temps transforme en ennemis. Pas de surprise là-dedans, c'est un des sujets préférés des cinéastes et romanciers !

Bien sûr, au commencement de leur relation, tout se passe bien entre les deux amants. La passion se déploie et cela donne lieu à de torrides gros plans sur leurs corps exultants. Ensuite, ça se gâte évidemment et l'histoire se poursuit dans un trois-pièces de banlieue à l'odeur de soupe aux choux. Après les débordements amoureux des premiers mois, on a droit au cortège prévisible de leurs mensonges et de leurs querelles. Finalement, et au bout d'une pénible heure et demie, les amants se trahissent de la façon la plus abominable qui soit. Le film se termine par une bataille sanglante. La femme, rongée par une haine grandissante et insurmontable envers son mari, prend son couteau de cuisine et le tue de six coups en pleine poitrine. Rien ne nous est épargné. On a droit au massacre, dans le décor hyperréaliste des poubelles éventrées d'un restaurant sordide situé à deux pas d'un grand port maritime! Évidemment, et on nous le souligne à gros traits rouges, ce crime sanglant a été perpétré… par amour. Voilà!

Un film français génial, à ce qu'il paraît. C'est ce que l'affiche affirmait, en tout cas : «Une puissante histoire d'amour et de passion! Un autre coup de maître!» Ah oui? Eh bien, il y a de quoi avoir froid dans le dos rien qu'à la pensée de tomber amoureux!

On ment par amour, on viole par amour, on tue par amour! Et on finit par trouver ça normal… Ça excuserait apparemment toutes les méchancetés!

Dès lors, qu'on ne se demande pas pourquoi on a si peur d'aimer et pourquoi on traite avec tant de circonspection ses nouvelles relations amoureuses! Quoi d'étonnant si chacun veut maintenant des garanties avant de s'embarquer? Un peu comme on l'exigerait d'un investissement bancaire ou d'un placement autogéré susceptible de créer des gains, certes, mais aussi de générer des pertes si on ne fait pas attention. En tout cas, l'amour semble maintenant une opération périlleuse pour laquelle on va mesurer et rationaliser froidement et à l'avance tous les risques à encourir.

— Je n'*investis* pas trop de temps tout de suite dans ma relation avec Paul! m'a dit Francine il y a quelques mois. Je vais voir d'abord si ça en vaut la peine.

Francine, c'est une amie d'enfance que je croise de temps en temps, parce que nous habitons le même quartier.

— Mais je croyais que tu étais amoureuse de lui, ai-je répliqué spontanément.

— Toi, tu n'as jamais appris à *gérer* tes relations amoureuses, n'est-ce pas ? s'est-elle exclamée avec consternation.

— Euh…

— C'est bien ce que je pensais !

— C'est… grave ?

— Tu fais ce que tu veux avec ta vie, mais moi, avec ce que je sais maintenant, je ne vais certainement pas m'embarquer tête première et les yeux fermés dans une aventure sans savoir d'abord où je m'en vais. Écoute, je viens juste de terminer un stage de croissance personnelle. C'est cher pour trois fins de semaine, tu me diras, mais cela en vaut drôlement la peine ! À présent, je pense que j'ai les outils nécessaires pour optimiser au mieux mes relations interpersonnelles. J'ai eu trop de mauvaises expériences jusqu'ici ! Cette fois, j'ai bien l'intention d'être *payée en retour* quand je vais tomber en amour !

— Est-ce qu'il a les yeux bleus, ton amoureux ?

Francine m'a regardée comme si je débarquais d'une autre planète et elle a continué sur sa lancée sans même s'embarrasser de répondre à ma question.

— Tu comprends, ça prend un minimum de garanties avant de te lier à quelqu'un. Là comme ailleurs, ce n'est pas quand on arrive à échéance qu'on doit… faire ses comptes !

À ce moment-là, elle s'est mise à rire de son petit jeu de mots ! Francine travaille dans une banque, je ne vous l'ai peut-être pas dit !

— C'est important de recueillir le plus d'informations possibles sur un homme avant de te lancer dans une histoire d'amour avec lui, a-t-elle précisé.

Après, si tout va bien, oui, tu te laisses aller. Mais pas avant! Il faut savoir garder la tête froide!

Je n'ai pas su quoi répliquer. Elle m'a mise alors dans la confidence. Elle et son… «compte à préavis» avaient décidé qu'ils allaient habiter ensemble sous peu. Évidemment, si tout allait à son goût jusque-là! Ils avaient même fixé une date potentielle d'emménagement.

Non, pour leur couple, rien ne serait laissé au hasard. Ils se donneraient toutes les chances de réussir! Évidemment, ils feraient des budgets séparés dans leur nouvelle vie commune! Ce serait plus raisonnable et plus… gérable comme cela. Il paierait la moitié du loyer, elle paierait la moitié du compte de téléphone. Elle achèterait la margarine et lui, le savon à vaisselle. Vive la justice et l'équité! En effet, on n'est jamais trop prudent!

Quelque temps plus tard, Francine m'a annoncé qu'elle s'apprêtait à *négocier* avec Paul un nouveau virage. Une nouvelle étape dans leur relation de couple.

— Vous voulez vous marier?

Elle a éclaté de rire. J'ai ri, moi aussi, pour laisser croire que j'avais volontairement fait une blague.

— Nous marier? Peut-être un jour, mais certainement pas tout de suite en tout cas! Et si jamais on se rend jusque-là, il faudra que ce soit bien clair entre nous. Je me suis assez fait avoir la dernière fois avec mon divorce! Les clauses du contrat de mariage, je te dis que je vais les négocier!

— Mais es-tu heureuse avec lui?

— Absolument! m'a-t-elle répondu rapidement en me coupant pratiquement la parole. Ab-so-lu-ment!

Puis, changeant soudain de sujet et baissant un peu la voix, elle m'a entraînée un peu à l'écart pour me parler de leur «petit secret intime».

— Figure-toi qu'on a déjà entrepris un travail sérieux sur notre couple!

— Vous... *travaillez* sur votre couple?

— Eh oui! Nous avons longuement dialogué, lui et moi, et nous avons établi sans attendre nos priorités.

— Et alors?

— Nous en sommes arrivés à la conclusion qu'il ne fallait pas que nos carrières respectives mangent tout notre temps, m'a-t-elle expliqué patiemment. Comme le dit si bien mon thérapeute corporel, c'est important de laisser aussi s'exprimer le corps physique et ses pulsions.

— Mais vous vous arrangez comment?

— C'est simple : nous organisons nos horaires respectifs pour être absolument libres tous les deux chaque vendredi soir. Pas de meetings, pas de rendez-vous, pas de magasinage, pas d'enfants de l'un ou de l'autre. Ce temps-là nous appartient.

— Et vous en faites quoi, de ce temps-là?

— L'amour, ma chère, l'amour!

En effet, il fallait y penser! Je n'avais pas fait preuve de beaucoup de perspicacité!

— Mais... vous avez toujours le goût de faire l'amour justement le vendredi? Et si ça vous prenait... le dimanche, par exemple?

Elle m'a regardée avec attendrissement.

— On s'arrange pour avoir le goût quand c'est le bon temps!

— Vous vous… *arrangez*?

Alors, avec un plaisir non dissimulé, elle m'a raconté avec force détails leurs ébats planifiés du vendredi soir. Ça faisait déjà trois mois, à ce moment-là, que la «chose» se passait à onze heures dix, onze heures vingt (il faut quand même laisser de la place pour un peu de spontanéité!), devant un vidéo érotique et après le bain moussant aux fruits de la passion assorti à la saveur des condoms.

Elle m'a précisé qu'ils expérimentaient un nouveau fruit à chaque semaine afin d'éviter que la routine ne s'installe! Cela leur avait été bien spécifié par leur thérapeute du couple. Et apparemment, ça marchait!

— Avez-vous déjà essayé le beurre d'arachide?

À voir son air offusqué, je pense qu'elle n'avait pas dû tellement apprécier ma question. Par contre, moi, j'avais trouvé notre conversation bien instructive!

* * *

Je me souviens de ce 1er novembre…

*Le temps court! Je pose des gestes irrévocables. Je ne peux plus retourner en arrière. Les procédures de divorce sont entamées. Depuis que la séparation est officielle, tout est plus clair pour tout le monde. Il me semble que je respire un peu mieux et que je retrouve mes couleurs. Le chemin est difficile, mais c'est tellement lui qui m'attend au bout.*

*Réveillée en sursaut la nuit dernière, j'ai vu un grand rayon doré qui partait du plafond et qui descendait sur moi en me transperçant au niveau du cœur. Le phénomène a duré plusieurs minutes. Il m'était possible de suivre de haut en bas le tracé précis du faisceau lumineux. Je sentais la chaleur intense qu'il produisait sur ma poitrine. Presque une brûlure. J'étais surprise mais surtout émerveillée... Cette... présence dans ma chambre, on aurait dit qu'elle m'alimentait, qu'elle me connectait à un courant très puissant. Puis tout a disparu d'un coup. Je suis restée immobile dans l'obscurité, essayant d'intégrer et de comprendre ce qui venait de se passer...*

*Ce rayon doré... N'est-il pas justement cette Force magistrale qui est en train de me modifier en profondeur et de faire voler en éclats toute ma vie d'avant? Mes amis ont du mal à me suivre, ces jours-ci, ils disent que je change. Ils n'en reviennent pas de la rapidité de mes décisions. J'organise le présent et je prépare l'avenir. Tout y passe! J'ai l'impression de diriger véritablement ma vie pour la première fois, d'établir de nouvelles bases pour y loger ce nouvel amour dans un nid de douceur et de tendresse.*

*Oh! mon Dieu! rien n'est simple ni facile non plus!*

*Quand on bouleverse sa vie à ce point, il y a tout ce qu'on laisse derrière soi, mais il y a surtout ceux à qui, nécessairement, on fait de la peine... On ne peut pas être insensible à leur désarroi et à leur détresse. Surtout quand le cœur est attendri par tant d'amour donné et reçu...*

*Il y a quelques semaines, j'ai rêvé que j'avan-*
*çais lentement à l'intérieur d'un immense ressort*
*métallique fait d'un métal blanc que je ne recon-*
*naissais pas. Peut-être était-ce du platine? J'entends*
*quelqu'un me dire :*

*— Vas-y, tu n'as pas à t'inquiéter, tu sais bien*
*qu'il y a la lumière au bout!*

*— Peut-être, mais pour l'instant j'ai peur! C'est*
*le vide en bas et tout autour!*

*— Bon, alors ferme-toi les yeux! m'a répondu*
*la voix.*

*Facile à dire!*

*J'aurais tellement besoin de lui. Là, maintenant,*
*tout de suite. Mais il est si loin!*

*Il a tout bousculé dans ma vie, cet homme, avec*
*son regard qui m'aime! Dieu m'est témoin pourtant*
*que je n'avais rien voulu ni rien planifié à l'avance!*
*Je me suis tellement défendue de le reconnaître, cet*
*amour grandissant, et pendant si longtemps!*

*J'ai le cœur serré et j'ai peur tout d'un coup.*
*Peur de l'inconnu, peur d'avoir imaginé. Peur des*
*portes qui se ferment, peur de celles qui s'en-*
*trouvrent.*

*Je laisse tout à cause d'un regard...*

*Depuis que je suis toute petite, je rêve d'un*
*amour absolu. Voilà qu'on me l'offre, il est réci-*
*proque et foudroyant. Mais y répondre, c'est telle-*
*ment me jeter dans le vide!*

*Pourtant, je sais bien que je n'ai plus le choix.*
*J'espère juste être digne de ce qui m'arrive.*

*Où cela me mènera-t-il? Peut-être que je l'aime*
*trop, après tout. Mais «trop», n'est-ce pas la véri-*
*table mesure de l'amour? En tout cas, sur mon lit*

*de mort, je n'aurai pas de regrets. Je ne pourrai pas me lamenter sur la banalité et l'insignifiance de ma vie et dire : «Oh! si j'avais pris la chance à ce moment-là! J'aurais donc dû, c'était lui, l'amour!»*

*Bien sûr, j'ignore ce qui va se passer, mais tant pis! Je vais de l'avant. On verra bien!*

\* \* \*

Malgré tous nos efforts pour améliorer nos relations de couples, malgré les suggestions sérieuses et parfois… originales des psychologues et des sexologues universitaires qui sont invités régulièrement à une quantité d'émissions de radio et de télévision, il n'empêche que l'on a, dans nos sociétés modernes, des taux records de divorces! Peut-être qu'on ne met pas suffisamment de mousse dans nos bains ou que le petit vin suggéré pour amorcer les intimités des «vieux couples» n'est pas d'une assez bonne qualité!

En fait, les «vieux couples» peuvent tout aussi bien avoir vingt ans. Ce n'est pas du tout une question d'âge. Disons que ce sont des amants qui souffrent malencontreusement de la célèbre et terrible panne sèche de désir. Vous en avez sûrement entendu parler, tout le monde en discute ouvertement et sans honte, ces temps-ci. C'est même particulièrement à la mode présentement dans les médias.

Bon… Disons que, de toute évidence, les couples d'aujourd'hui ont de sérieux problèmes, mais je ne suis pas sûre pourtant que le vin français ou italien soit plus efficace que le vin ontarien ou le californien pour la bagatelle! D'un côté ou de l'autre de l'Atlantique, il paraît évident qu'on s'en tire plutôt mal dans nos relations amoureuses et matrimoniales. Peut-être y a-t-il plus ou moins de divorces officiels selon les pays, mais on y compte sûrement autant de couples malheureux ou insatisfaits… Ça fait beaucoup de travail pour les avocats! Eux au moins ne risquent pas de manquer de clients de sitôt.

Et là je ne parle même pas de toutes ces séparations non officielles qui sont impossibles à comptabiliser et qui n'entrent jamais dans les statistiques. Toutes ces séparations difficiles et usantes pour l'âme et qu'on gardera bien souvent secrètes. Toutes ces désunions qui nous ont profondément blessé et dont on n'a pas avoué être la victime impuissante. Toutes ces ruptures bâclées après une fin de semaine qu'on avait rêvée merveilleuse. Tous ces échecs amoureux cuisants vécus souvent en série et qu'on accumule avec les années dans nos fonds de tiroirs comme des colliers ternis et brisés.

Il me semble que tant de faillites et de ratages amoureux devraient nous faire nous poser des questions! Mais, mon Dieu! qu'est-ce qui nous arrive? Où est-ce qu'on s'est trompé? Quelle erreur est-ce qu'on continue de faire chaque fois que notre cœur s'emballe, chaque fois qu'on s'attache à quelqu'un? C'est quoi, l'amour, au juste? Comment ça marche et qu'est-ce que ça mange en hiver?

Est-ce qu'on aurait tous fait fausse route? On est en train d'étouffer! On a trop d'histoires d'amour ratées qui cachent trop d'amertume et de colères. Des colères monstrueuses qui nous tombent dessus à bras raccourcis à des moments où on s'y attend le moins. Comment est-ce qu'on pourrait être assez fou pour recommencer encore à aimer après un divorce éprouvant et trois ou quatre séparations difficiles?

Oui, mais pourtant… On se fait prendre encore!

«Elle est si jolie! dira-t-il. Je ne l'ai vue qu'une fois et je n'arrête pas d'y penser!»

«Il a un charme irrésistible, il est tout simplement craquant! Tu ne trouves pas?» confiera-t-elle à son amie en se recoiffant dans les toilettes du bar avant de le suivre chez lui.

«Elle est vraiment différente de toutes les autres!» espérera-t-il.

«C'est l'homme de ma vie! Avec lui, tout va changer, j'en suis certaine!»

Et voilà, c'est reparti!

6

## Le syndrome du pitbull

C'était le 3 décembre.

*Tu es venu et tu es reparti. Ce fut quelques heures à peine. Un cadeau auquel je ne m'attendais pas. Une escale volée au temps entre deux avions, deux pays, deux rendez-vous.*

*Mon cœur est triste parce que tu as dû t'en retourner, mais il est en même temps étrangement rempli d'un bonheur tellement grand que j'ai du mal à le contenir tout entier dans ma poitrine.*

*Comme je t'ai aimé! Je n'ai pas de mots pour décrire l'éblouissement de ce bonheur qui n'arrête pas de grandir.*

*Dieu que je t'aime! Te l'ai-je déjà dit? Merci pour ta chemise bleue porteuse de ton odeur que tu as fait semblant d'oublier exprès. Je la revêts comme un vêtement sacré et tout d'un coup mes bras, ma poitrine, mon dos, mon ventre te reçoivent tout entier et je me mets à vibrer de bas jusqu'en haut, éblouie par ta présence recréée d'homme de chair et de mystère. Il reste des atomes vivants de toi dans cette chemise étendue sur mon lit. Elle est émouvante* comme ton corps endormi. Ces atomes me reconnaissent, j'en suis sûre, ils sont encore reliés à toi. Alors, ils se mettent à aimer mes atomes à moi et tout mon être se met à chanter cette chanson dont toi et moi seuls connaissons la mélodie.

Oh! ma vie, viendras-tu bientôt me rejoindre pour de bon? Dans quelques jours, quelques semaines, quelques mois? Tout est si incertain... Mais je fais confiance. Nous avons accepté de nous aimer et de là, tout va s'enchaîner, tout va se placer dans le temps. Les obstacles s'aplaniront d'eux-mêmes. J'en suis sûre!

Tu me fais toujours plus femme... J'entends encore ta voix comme un souffle dans mon oreille: «Mon amour, mon amour, mon amour, mon amour...» Je n'avais qu'à me pencher un peu et mes lèvres glissaient sur ta peau moite. Je caressais tes longs cheveux emmêlés. De mes doigts, je les lissais derrière tes oreilles pour ne rien perdre de la douceur de ton visage. Tu pleurais un peu en entendant ma voix qui se faisait musique par tant de mots d'amour. Et quand parfois tu relevais la tête pour me regarder, je voyais tes yeux rougis briller comme des rivières d'eau vivante dans le soleil.

Mon corps frémissait et le tien aussi et nous recommencions cette danse sous-marine de nous deux, ce lent et bouleversant ballet qui, à chaque fois, nous ouvrait toutes grandes les portes d'un nouveau monde... «Nous pénétrons dans une autre dimension, m'as-tu dit, là où les règles du temps et de l'espace sont différentes...» Et je savais que tu avais raison.

*Je sentais que notre lit n'était plus une surface plane et arrêtée comme avant, mais une lente courbe qui glissait avec nous vers la droite. Nous tournions! Avec une grande lenteur, certes, mais nous «tournions» véritablement sur nous-mêmes avec toutes les choses autour également entraînées dans notre mouvement rotatoire. Pendant cette nuit passée ensemble, j'ai eu cette fascinante impression d'une réelle présence à ma gauche. C'était notre trace lumineuse, l'empreinte que nous allions laisser dans le temps et dans l'espace. Oui, je crois que nous avons mis au monde une galaxie nouvelle pendant notre nuit magique...*

*Puis tu as dû t'en aller... Je t'ai regardé partir. Tu n'as pas voulu, et je n'avais pas envisagé, de toute façon, de t'accompagner jusqu'à l'aéroport. Non, je n'ai pas bougé de mon lit. J'ai entendu démarrer le taxi et puis... rien. Je suis restée assise à ma place un bon moment, comme paralysée, incapable du moindre geste. Je suis retombée comme une masse vers la droite dans ton odeur à toi qui vivait encore un peu dans ton oreiller. J'ai respiré, embrassé les derniers vestiges de ta présence. Je les ai entrés à l'intérieur de moi... Ils m'appartenaient. Il me restait si peu à prendre... Un dernier trésor. Une présence-lumière qui s'évanouissait trop vite.*

*Ça fait trois jours. Ça fait l'éternité. Ce matin, à mon réveil, il y avait un point brûlant très douloureux sur ma poitrine. J'ai dû brûler d'amour pour toi pendant la nuit. Sûr qu'on a dû se mélanger encore et flamber comme des soleils captifs au milieu du vide.*

Il y a quelques jours, Francine m'a téléphoné. Vous savez bien, mon amie Francine, celle qui travaillait si assidûment sur son couple et qui prenait tant de précautions. Eh bien, Paul l'a quittée! Oui, comme ça, et apparemment elle ne l'a pas vu venir. Paul vient d'emménager avec une Vietnamienne qui faisait partie de leur groupe de thérapie. Il a fait plusieurs exercices pratiques avec elle pendant le dernier stage et… bon, il est arrivé ce qui devait arriver! Il est parti avec la Vietnamienne qui est bien plus jeune et bien plus jolie que Francine.

— Je veux mourir! Il m'a quittée! criait-elle au téléphone. J'avais tout fait pour que ça marche! Je ne comprends plus rien! Je veux mourir!

— Surtout, ne fais pas de folies! lui ai-je dit. Si tu veux, on va aller prendre un café ensemble demain. Tu me parleras de tout ça à tête reposée. Essaie de te détendre un peu…

Quand j'ai raccroché, j'étais très inquiète… Elle semblait si désespérée, si souffrante.

Je suis allée au restaurant. Eh bien, ce n'est pas la souffrance de Francine que j'y ai rencontré face à face, mais sa colère et sa méchanceté! Elle avait beau avoir perdu quatre ou cinq kilos en quelques semaines, avoir le teint gris et des poches énormes sous les yeux, elle avait beau se plaindre de migraines monstrueuses, je n'ai pas du tout eu envie de la prendre en pitié.

Elle était enragée, Francine! Pas en peine d'amour! En-ra-gée! Dix fois, j'ai eu envie de me sauver à toutes jambes du restaurant parce qu'elle me donnait mal au ventre avec sa haine qui sortait d'elle comme des jets de venin.

— Il va me le payer ! lançait-elle entre deux gorgées de tisane de camomille et deux sanglots. Oui, il va me le payer ! Et cher !

Elle ne parlait pas, Francine, elle crachait sur moi ses mots visqueux. J'en étais tout éclaboussée !

— Je n'aurai de cesse qu'ils ne soient détruits tous les deux !

— Mon Dieu !…

— La semaine dernière, j'ai mis tous ses vête-ments dans des sacs à poubelles sur le bord du trottoir et, là, j'ai guetté longtemps à la fenêtre pour ne pas manquer le spectacle. Deux heures plus tard, les éboueurs sont arrivés et ils ont embarqué tous les sacs dans leur camion. Je riais, je n'arrêtais pas de rire toute seule ! Il peut bien les chercher à présent, ses belles vestes de cuir et ses chemises de soie ! Il me semble le voir arriver dans quelques jours, sonner à ma porte et me réclamer ses affaires !

— Mais, Francine…

— J'ai brûlé toutes ses lettres aussi et j'ai donné les bijoux qu'il m'avait offerts aux filles du bureau. Pour le reste, ses disques, ses livres, ses œuvres d'art, il peut bien courir après, je les garde ! Non, tiens, je vais plutôt les vendre ! Surtout les choses auxquelles il est le plus attaché, comme ça, il ne les retrouvera jamais ! Ça me paiera pour le mal qu'il m'a fait !

— Mais, Francine… Garder ou vendre des choses qui ne t'appartiennent pas, c'est… du vol !

Elle ne m'entendait pas. Ses yeux étaient noirs de haine. Une haine à donner la chair de poule. Oh !

la méchanceté des femmes quand elles se mettent à détester celui qu'elles ont cru aimer! Comme elle est odieuse et ignoble, cette haine! Elle élimine et tue sournoisement, sans laisser de traces, pour que plus rien ne subsiste après dont une autre femme puisse profiter.

— Il va s'apercevoir qu'il ne peut pas rire de moi comme ça! Il ne s'en sortira jamais. Tout le monde va savoir ce qu'il m'a fait. Oh non! je ne lui ferai pas de cadeau!

Comme c'est elle, la «présumée victime», les gens de son entourage vont sûrement croire tout ce qu'elle dit sans rien mettre en doute. On écoute toujours celui qui pleure ou qui crie le plus fort. Les réputations se font et se défont comme cela, avec la rumeur du moment, qui tient si souvent lieu de preuve!

— Je vais le leur dire, moi, qui il est, a-t-elle continué sur sa lancée. Un menteur, un dissimulateur, un monstre d'égoïsme...

Elle était folle de rage. Elle criait presque.

— Un... batteur de femmes!

— Mais... ce n'est pas vrai! Paul ne t'a jamais battue!

— Non! Mais qui pourra prouver le contraire, hein? Oh non! je ne lâcherai jamais prise!

Je n'écoutais plus. C'était trop! Par la fenêtre, je regardais les gens qui passaient, tranquilles, in-différents... Il y avait ceux qui portaient des paquets d'épicerie, ceux qui semblaient pressés, ceux qui avaient l'air de n'aller nulle part, il y avait des enfants qui revenaient de l'école en piaillant... La vie normale continuait. Moi, avec ma fourchette, j'écrasais les restes de mon gâteau aux carottes dans l'assiette. Tout pour ne plus croiser le regard haineux de Francine.

Un mot m'est venu brutalement : *pitbull!* Oui, c'est ça! Je venais d'inventer un nom pour ce dont Francine souffrait : le syndrome du pitbull. Elle n'arrivait plus à lâcher prise, les dents complètement entrées dans la chair vivante de sa proie. Elle allait tuer Paul et se tuer elle-même avant de le laisser s'échapper. Si la force musculaire de la mâchoire d'un pitbull moyen est de trois tonnes, la sienne battait tous les records! On me citera peut-être un jour dans des livres de psychologie pour avoir donné un nom... scientifique à l'acharnement des ex!

Je ne connais pas Paul. Je l'ai à peine entrevu quelques minutes, une fois, lors d'un lancement de disque. Je ne sais pas ce qui s'est passé exactement entre eux. Francine m'a évidemment raconté en détail les événements, mais, elle, je la sens tellement de mauvaise foi. Le récit qu'elle m'a fait est tellement biaisé et sans nuances. Quand il n'est pas carrément mensonger! Cependant, bien peu de gens résistent à la manipulation mentale. On croira évidemment Francine sans se poser de questions, et comme Paul ne semble pas répliquer, c'est elle qui prendra tout le crédit dans cette histoire.

Qu'importe de quelle façon Paul l'a quittée, qu'importe ce qu'il est supposé avoir dit ou fait, il n'empêche qu'aucun être humain ne mérite qu'on le détruise comme Francine est en train de le faire présentement. Avec hargne, en toute impunité et de surcroît en se donnant bonne conscience!

Aujourd'hui, Francine sape systématiquement la réputation de Paul pour des années à venir auprès de ses amis et de ses collègues de travail. Elle le piétine, elle le vole et le piège de toutes parts, elle le brise dans son intégrité d'homme et d'être humain. Non, rien au monde, jamais, ne pourra excuser ni justifier de tels gestes!

— Mais pourquoi fais-tu cela? Pourquoi es-tu si... acharnée?

J'avais la voix blanche et le souffle coupé.

— Tu ne comprends pas? JE L'AIME!

Alors, moi qui suis habituellement si compréhensive et si douce, j'ai lancé à Francine, avec toute la colère et l'indignation qu'il ne m'était plus possible de contenir :

— Tais-toi! Tu ne sais pas de quoi tu parles!

J'ai payé et j'ai quitté le restaurant dans les trois minutes qui ont suivi.

Oh! il a bon dos, l'amour, quand on lui accole les plus primaires, les plus bestiales de nos réactions!

«Pauvre petite, faut lui pardonner, il l'a plaquée, elle est en peine d'amour!» «Pauvre homme, sa femme l'a laissé pour un autre, il souffre, faut l'excuser!»

Et alors? Tout serait permis au nom de l'amour? Les pires ignominies, les plus abjectes paroles, les manipulations mentales les plus éhontées, les plus vicieuses inventions, les plus grandes bassesses?

S'il n'y avait qu'une seule Francine... Mais on en connaît tous des pitbulls déguisés en Francine! Des pitbulls qui s'appellent Pierre, Denis ou Françoise. C'est facile à reconnaître : ils ont les dents pleines de sang! Ils ne veulent pas lâcher leur proie parce qu'ils ont décrété que ces personnes qui les ont quittés n'avaient aucun droit de le faire car elles leur appartenaient pour toujours.

Bien sûr, c'est difficile de vivre une séparation, cependant, au-delà du chagrin, n'est-ce pas plutôt l'orgueil blessé et la haine qui commandent de telles réactions de vengeance?

Ce qui est grave, c'est que les agressions des pitbulls vengeurs sont non seulement banalisées mais aussi admises et tolérées par tout le monde. Et comment pourrait-il en être autrement? C'est la réaction normale des héros qu'on voit dans les films et tous les jours dans nos téléromans. Après tout, pourquoi est-ce qu'on devrait se priver d'être odieux quand tout le monde l'est si ouvertement?

Je me suis couchée écœurée. Malgré tout, j'ai ouvert la télé, histoire de me changer les idées. Première nouvelle au bulletin d'informations de vingt-deux heures :

«Désespéré, un homme s'enlève la vie après avoir tué sa femme et ses deux enfants de plusieurs coups de carabine. La police a retrouvé ce matin les quatre corps gisant dans leur sang dans une banlieue du sud de Montréal.

«L'identité des victimes n'a pas encore été dévoilée. Cependant, d'après les voisins, il s'agirait encore une fois d'un crime passionnel. En effet, le présumé meurtrier semblait mal accepter le départ de sa femme et se refusait absolument à lui accorder le divorce. Il l'avait sommée à maintes reprises de lui redonner la garde des enfants. C'est le vingtième meurtre commis dans la Communauté urbaine depuis…»

Il les a tués par amour, j'imagine! J'ai fermé l'appareil et lancé la télécommande à l'autre bout de ma chambre.

Par amour, mon œil!

La nuit a été remplie de cauchemars épouvantables dans lesquels je voyais Francine mordre Paul avec ses dents pointues de carnassière au beau milieu d'un restaurant vietnamien. Il y avait du sang noir et gluant qui coulait entre les tables, j'en avais sur mes beaux souliers neufs… Et Francine qui riait, riait…

# 7

## Cette haine qu'on ose appeler amour

*10 février.*

*Mon amour, mon amour, es-tu là ? On dirait que je suis salie par toute la méchanceté du monde. Elle m'atteint encore plus depuis que mon cœur s'est ouvert pour t'accueillir. Peut-être suis-je trop vulnérable à présent ? Dis-moi, comment est-ce possible de survivre à tant de haine ?*

*Écoute-moi encore... Je voudrais te dire cela maintenant... Tu ne seras pas en prison avec moi. Il n'y a pas de serrures, pas de portes, même pas de murs à ma maison. Je te veux oiseau, mon amour. Je te veux oiseau du ciel. Tu seras libre et je te laisserai voler, je te le promets.*

*S'il arrivait un jour que tu ne sois plus heureux avec moi, si la vie t'emmenait vers une autre que moi, je me fais la promesse à moi-même de te laisser partir. Sans te tuer ni te déchirer. J'aurais très mal, c'est sûr, mais j'accepterais que tu vives sans moi. Tu n'aurais pas à avoir peur que je me venge de ton départ. Oh ! mon amour, Dieu m'est témoin que je t'en donne ma parole !*

*Tu vas peut-être trouver étrange que je te raconte cela mais, tu sais, je m'applique vraiment à réussir mon divorce. Je tiens à mettre un terme à mon... ancienne vie en ne saccageant rien ni personne avant de partir. Je suis sûre que c'est possible de passer à travers un divorce avec respect et grandeur. Je vais y arriver! Ce sera la preuve que je suis capable de finir les choses correctement et une... garantie pour toi... au cas où!*

*Ne ris pas! Je te dis tout cela comme ça vient parce que je suis tellement certaine que tu comprends...*

*Comment mon cœur pourrait-il être fermé ou déloyal ou méchant quand il est habité si totalement par ton amour?*

*Mon amour, maintenant, parle-moi... Dis-moi le temps qu'il fera sur nos vies, plus tard, quand il fera grand soleil.*

*Je te sens si loin... Quand pourras-tu enfin venir me rejoindre?*

\* \* \*

Je repense beaucoup à Francine, ces temps-ci. Oh! je ne crois pas sérieusement qu'elle mette toutes ses menaces à exécution! Du moins, espérons-le! Par contre, les imprécations qu'elle a lancées contre Paul existent et persisteront dans le temps et je crains qu'elles ne finissent inévitablement par accomplir leur œuvre destructrice. Francine ne le réalise pas encore, mais elle sera certainement atteinte, elle aussi, par sa propre méchanceté. La haine qu'elle a engendrée contre Paul et qu'elle a mis en branle avec tant de fureur va fatalement agir comme un boomerang. Elle se retournera contre elle un jour ou l'autre. C'est un phénomène que j'ai souvent constaté! C'est comme une loi de la vie. Une loi précise et incontournable et à laquelle personne n'échappe.

Peut-être que Francine se sentira mal tout d'un coup ou qu'elle développera sans raison apparente de sérieux troubles physiques ou psychologiques pour lesquels ni elle ni les médecins ne trouveront d'explication... Je ne le lui souhaite pas, c'est bien évident, mais vraiment, j'ai peur pour elle. Je pense qu'elle a pris une bien mauvaise direction!

Je finis par la plaindre, cette pauvre Francine, elle se détruit elle-même en voulant abattre Paul.

Elle s'acharne tellement contre lui, raffinant ses attaques encore et encore. C'est une vraie psycho-terroriste! Va t elle enfin finir par s'arrêter?

Elle a sans cesse besoin de trouver des appuis chez ses amis et des justifications dans sa tête. Rationnellement, oui, elle en arrive tout à fait à se disculper, mais elle s'enfonce pourtant tête première dans l'enfer qu'elle se crée. Mais que puis-je faire qui puisse l'en empêcher? Elle est si aveuglée par sa propre rage qu'elle ne peut penser à rien d'autre ni parler d'un autre sujet. Elle tourne à vide dans son cercle infernal de destruction. Je ne sais pas ce qui pourrait l'en sortir, c'est comme si elle était déjà allée trop loin...

J'ai cessé de la voir, elle me rend malade. Je trouve sa hargne insupportable, mais je supporte encore moins sa petite voix désespérée et faussement innocente qui ose déclarer à qui veut l'entendre, qu'elle aime encore Paul et qu'elle espère toujours qu'il va lui revenir bientôt!

* * *

Je ne sais pas si on réalise vraiment à quel point c'est dangereux de manipuler comme ça, froidement, la haine! Même une petite haine intime et personnelle qu'on pense innocente et qu'on nourrit au jour le jour à la petite cuillère. La haine, c'est une force, une énergie concrète et active. C'est véritablement une arme et elle est très difficile à désamorcer. Je la crois même capable de tuer si elle est projetée contre quelqu'un avec puissance. Et trop tard après coup pour dire : «Je ne le savais pas, je n'ai pas voulu ça, c'est allé trop loin!»

La haine s'incruste comme de la moisissure dans les interstices de nos corps et de nos âmes. Sans même qu'on en prenne conscience, elle déstructure, désynchronise et détruit. Quand on l'a lancée hors de nous, même si ce n'est qu'en pensée, rien ne peut l'arrêter dans sa course. De cette haine qu'on conçoit, qu'on ressent et qu'on distille, il ne faut pas oublier qu'on est absolument et totalement responsable et qu'on devra en assumer un jour ou l'autre toutes les conséquences.

Je ne pense pas qu'il puisse jamais exister une haine «acceptable» ou une méchanceté «correcte». Si on commence à dire que «oui, en effet, dans telle ou telle circonstance, la haine pourrait se justifier pour telle ou telle raison», cela peut nous mener bien loin dans l'horreur!

Cela voudrait dire que les pires crimes pourraient être justifiés par une «bonne cause»! Et les guerres et les massacres et les génocides? Ils pourraient donc tous être... excusables et se poursuivre en toute impunité avec notre sainte bénédiction? C'est trop facile de se donner bonne conscience!

* * *

Si je vous ai beaucoup parlé de Francine, c'est parce qu'elle me sort par les oreilles! Mais en réalité Francine n'est qu'un petit exemple d'amour mal vécu parmi d'autres, car ce sont nos rapports amoureux en général qui sont en crise. Il ne faut pas être particulièrement perspicace pour s'en apercevoir.

Mais peut-être sont-ils tout simplement conformes à ceux qu'on entretient avec les êtres humains en général?...

J'ai l'impression qu'on joue tous, les uns et les autres, à des jeux de pouvoir. Il y en a toujours un quelque part qui cherche à en dominer un autre qui serait plus faible que lui. C'est ça, le point de départ de toutes les discordes, de toutes les guerres. On veut être plus puissant, plus riche, plus important que l'autre, et pour y parvenir tous les moyens sont bons, toutes les astuces sont permises!

Cependant, si on y regarde de près, dans un couple en conflit, ce n'est pas toujours celui qui commande ou qui crie le plus fort qui l'emporte. La «victime» a, elle aussi, beaucoup de pouvoir. C'est très facile de vaincre en faisant du chantage émotif. Rendre l'autre responsable de ce qui nous arrive et, en faire la cause unique de nos échecs et de nos insuffisances, nous l'avons tous fait plus ou moins et ça marche à tout coup.

Être toujours la pauvre victime peut devenir une arme bien efficace et bien puissante pour obtenir ce qu'on veut. On ne se salit pas les mains et, en plus, on se fait plaindre! On empoisonne la vie autour de soi à dose homéopathique ou massive, mais on garde toujours le «beau» rôle…

«Il l'aimait tant! Maintenant, il a l'air d'un squelette ambulant, il se laisse mourir depuis qu'elle est partie!»

«Il a été tellement dur avec elle, ça fait trois tentatives de suicide qu'elle fait à cause de lui!»

«Il a recommencé à boire depuis qu'elle a repris le travail. Il l'aime tant, il aurait voulu l'avoir toujours près de lui!»

«Elle est méchante et agressive avec tout le monde, il ne doit pas la baiser souvent!»

«Vois-tu cette lame de rasoir? Si tu t'en vas, je vais m'ouvrir les veines! Tu vas le regretter toute ta vie!»

Oh! le chantage émotif! Il est drôlement efficace pour faire souffrir le conjoint qui s'éloigne ou qui nous a quitté.

Car c'est toujours sur celui qui part que rejaillit l'odieux de la situation. Celui-là devient aux yeux de tous le «méchant»! Mais, dites-moi, à bien y réfléchir, lorsqu'une relation s'est complètement détériorée et qu'on n'a pas le courage de prendre soi-même la décision de partir, cela ne servirait-il pas nos intérêts (conscients ou… inconscients) que l'autre le fasse à notre place?

Vous connaissez sûrement le coup classique: «Ça a toujours été bien entre nous, je ne l'ai pas vu venir! Il est parti avec une autre!» Ou bien : «Elle m'a quitté du jour au lendemain sans raison!»

Faux! Je dis que c'est faux! Je crois qu'une désunion, ça se prépare longtemps à l'avance, et que, pour peu qu'on soit conscient, on la sent normalement venir.

Quand le compagnon part ou tombe soudainement amoureux de quelqu'un d'autre, c'est qu'il y a déjà, et depuis un moment, des fissures dans le couple. Personne ne peut entrer dans une bulle amoureuse et personne ne peut en sortir s'il n'existe pas des brèches suffisamment larges pour s'y faufiler. C'est impossible!

Si on a le courage de regarder les choses bien en face lorsqu'une rupture qui semble subite ou inexplicable se produit, on s'aperçoit aisément qu'elle se préparait depuis longtemps... Une longueur d'onde qu'on avait perdue peut-être, des idées qu'on ne partageait plus, une mélodie qu'on ne chantait plus à l'unisson depuis longtemps. Ce qui avait encore l'air de ressembler à de l'amour était probablement une longue habitude de vivre à deux ou un grand besoin de sécurité.

Il me semble que, quand arrive une séparation, on devrait être capable de se poser la seule vraie question importante : «Étions-nous encore des amoureux? La flamme droite, limpide, forte et incroyable de l'amour brûlait-elle encore au fond de nos cœurs?»

Non, on ne tombe jamais amoureux quand on est déjà totalement et immensément en amour! Comment pourrait-il y avoir de la place pour quelqu'un d'autre quand notre cœur est déjà rempli à satiété?

Je crois qu'on peut voir venir une rupture... si on décide vraiment de ne pas se cacher la réalité. Car elle se prépare de loin et elle s'accompagne nécessairement d'une multitude d'indices.

Les mots doux qu'on ne se murmure plus à l'oreille, ceux qu'on ne trouve plus sur le frigo en rentrant. Les compliments qu'on oublie de faire. Les cadeaux qu'on reçoit, comme ça, dans le sac du magasin, sans ruban ni carte pour les accompagner.

Et les fleurs sans surprise achetées en vrac au supermarché parce que c'est moins cher... Ça aussi, c'est parlant! Les folles tendresses qu'on commence à trouver déplacées ou ridicules... Pourtant, au début, cela nous faisait tellement rire! Maintenant, c'est comme si on devenait gênés de s'embrasser en public ou de se donner la main dans la rue...

C'est tellement simple de trouver des exemples!

Il y a les téléphones faits à la sauvette et qui deviennent pour lui des excuses faciles pour rentrer tard. Puis il y a les fêtes où il ne va plus avec elle parce qu'il est vraiment trop pris par son travail. Il y a les films qu'il voit seul à présent parce qu'elle apprécie de moins en moins les films d'action. Il y a tous ces dîners à deux au restaurant qui s'éternisent parce qu'on ne sait plus trop quoi se dire, ces dîners fins entrecoupés de coups de fil des portables de l'un et de l'autre qui se mettent à sonner entre deux plats et... auxquels on répond.

Ce n'est pas fini, on peut en rajouter...

Il y a les petits mensonges, les petites colères, les impatiences qu'il ne prend plus la peine de maîtriser devant elle... Et puis aussi les jolies robes qu'elle n'a plus le goût d'enfiler juste pour lui. Ou encore la télévision qu'elle regarde tard au salon pour ne pas avoir à le rejoindre tout de suite au lit...

Oh! c'est bien juste une série de petits détails qui ont l'air, comme ça, sans importance. Pourtant, c'est vraiment au quotidien que se tisse la trame de nos vies, c'est à chaque seconde que se joue notre sort et que l'avenir devient petit à petit notre présent.

Tout est là! Le décor d'une séparation a nécessairement été posé d'avance sur la scène de notre histoire. Rien n'arrive «comme par hasard» à un moment donné. Tout se prépare, souvent à notre insu et bien longtemps d'avance.

Là, tout de suite, je pense aux petits mots durs et acides lancés au petit-déjeuner entre deux bouchées de pain grillé, aux petites pointes acérées et souvent cruelles qu'on prend l'habitude de se décocher pour rien ou... pour faire rire les amis. Oh! cela semble anodin sur le coup. «Tu dramatises, ce n'était rien, juste une blague!» dira-il. Mais ces coups d'épingle répétés créent le germe et le ferment d'un désaccord qui ne peut aller que croissant. Car tout a des conséquences : tout ce qu'on dit, tout ce qu'on fait et aussi tout ce qu'on pense.

La disharmonie s'installe et alors, peu à peu, tout se désynchronise. Souvent à cause d'une seule petite phrase maligne qui fait son chemin toute seule à l'intérieur, à la façon d'une première cellule cancéreuse qui va créer, sur des années, une tumeur maligne inopérable. C'est tout ça qui détruit un couple; c'est ce qui le fait entrer dans une phase de malaise, puis de maladie. C'est finalement ce qui finit par le tuer, au fil des mois ou des années...

En réalité, peut-être n'existe-t-il pas de totale innocence ni de véritable victime… Au plus profond de soi, si on ne veut pas se raconter d'histoire, on sait bien ce qui s'est passé car, dans un couple, le petit jeu se joue nécessairement à deux.

Il me semble qu'il faudrait enfin arrêter de toujours mettre la faute sur l'autre. Il est plus que temps de reprendre la totalité de notre vie à notre propre compte et d'assumer vraiment, comme les adultes que nous sommes, les conséquences de nos actes…

Si seulement on comprenait mieux que tout sert, même la souffrance. Si on réalisait que toutes nos histoires d'amour, même les plus difficiles et les plus compliquées, sont importantes et utiles. Quand elles nous désorientent, c'est peut-être parce qu'il est temps de savoir retrouver tout seuls notre chemin. Quand elles nous font perdre pied, c'est certainement qu'il faut apprendre à marcher autrement. Quand on a l'impression qu'elles nous ont diminués, elles nous rappellent sans doute qu'il faut grandir et évoluer par nous-mêmes.

Pourquoi est-ce qu'on devrait toujours fuir devant les épreuves, se mettre à l'abri ou «faire semblant de rien»? Qui nous a enseigné cela?

Il me semble que nos épreuves aussi nous appartiennent. On les paye très cher, après tout! Et elles cachent si souvent de beaux, d'inestimables cadeaux! Rejeter systématiquement les difficultés, c'est peut-être s'enlever une chance unique d'aller de l'avant et de changer pour le mieux.

Oh! je sais bien qu'il ne s'agit pas de désirer ou de chercher les expériences difficiles, ce serait trop absurde de vouloir souffrir délibérément! Mais quand les difficultés sont là, que peut-on faire de mieux que de les accepter, les prendre à bras-le-corps et «faire avec»?

Oui, vous savez, j'ai souvent eu mal, moi aussi, à mes histoires d'amour... Même si j'ai appris avec le temps qu'elles nous propulsent mieux que tout hors du banal quotidien.

Mais souffrir par amour et à cause de l'amour, c'est certainement mieux que de ne pas aimer du tout! Vous en connaissez peut-être, vous aussi, des personnes qui ont volontairement décidé, un jour, qu'on ne les y reprendrait plus et qui ont placé une grosse croix noire sur l'amour dans leur vie. On dirait qu'elles ne sont plus vivantes. Elles ne vibrent plus. Elles crânent, bien sûr, en disant qu'elles sont enfin tranquilles, mais elles se crispent, s'assèchent et se rident. C'est terrible de constater leur vieillissement prématuré car certaines d'entre elles n'ont pas plus de vingt ou trente ans!

Avec leur cœur qui s'est fermé complètement par crainte de souffrir d'amour, avec leur intolérance, avec la dureté qui s'est installée en eux, avec leur intransigeance de célibataire endurci, je vous le dis, parfois elles me font peur...

Elles sont... un peu mortes, je crois. Et quand elles s'essaient à sourire, c'est leurs lèvres seulement qui se soulèvent...

\* \* \*

Oh! ce 14 mars d'il y a quelques années...
*Six jours sans nouvelles de toi. C'est trop!... Je viens de me réveiller dans ce grand lit où nous nous*

99

sommes tant aimés... mais si peu longtemps! Je n'arrive plus à me rendormir. La nuit est longue et le voile qu'elle étend sur moi est plein de replis. Tu es tellement loin...

Je vis à l'extrême la douleur de ton absence. Je ne croyais pas que ce serait si difficile. C'est comme une lame fine qui entre et sort de mon cœur. La douleur vient, elle me renverse, me renverse encore et me rejette sur le rivage. Je me relève et une autre vague se brise sur moi à nouveau.

Il y a déjà une longue cicatrice rouge sur notre amour. C'est terrible! Ce fragile embryon d'amour de nous deux est blessé!

Tu me manques tellement... Touche-moi, caresse mon visage, embrasse ma vie. Deviens velours pour ma peau, vent doux pour mes cheveux et miel pour ma bouche. Sois l'extase pour mon ventre, mêle ton souffle au mien. Embrasse-moi! Viens, je t'en prie, ouvre le ciel...

Mon amour, mon amour, m'entends-tu? Cette nuit, je ne suis même plus sûre que tu sois là, même plus sûre que tu existes... Tout chavire et j'ai juste envie de pleurer...

Mais où est-ce que j'en suis? J'avais mis tant d'efforts et tant d'années à créer un équilibre heureux entre moi et la vie. Comme je me suis voulue forte et indépendante et libre! Et voilà que je ne suis plus qu'une femme amoureuse désemparée, qu'une femme de désir en mal de tes bras! Je m'étais bien dit qu'aucun homme n'allait plus me faire pleurer et voilà que toi, tu m'as dit «je t'aime», et je marche maintenant au beau milieu de rien à attendre éperdument que tu me rejoignes.

*Je n'ai plus de repères, j'ai perdu mes réfé-rences. Je rêvais pourtant d'un grand amour de joie. Est-ce que cela sera un jour possible?*

*Et cette blessure sur ton cœur à toi, quand pourra-t-elle se calmer, se refermer et guérir?*

*Je ne sais plus rien. Je n'existe plus. J'ai trop mal.*

8

# *Femme du Kosovo*

*Laisse-moi encore te parler d'amour, mon amour…*

Et vous aussi qui me suivez dans cette quête, je vous en prie, écoutez-moi… Écoutez-moi, tout de suite. *Maintenant.* Dans ce maintenant du Kosovo pendant lequel j'écris ce livre et qui ne sera même plus d'actualité dans quelques mois parce que tout s'use si rapidement, les nouvelles, les objets, les opinions…

Nous aussi, on s'use. Oh oui! comme on s'abîme vite sur cette planète en détresse! Et demain, demain ou dans peu de temps, cette guerre aura déjà été oubliée et remplacée par d'autres. Elle ne sera absolument plus de mode, on n'osera même plus en parler, même plus y penser. Nous sommes une humanité amnésique, nous survolons les événements sans leur laisser le temps de se graver en nous, sans leur donner la possibilité de nous offrir leurs leçons salvatrices.

Cependant, c'est bien aujourd'hui que j'écris ces lignes et aujourd'hui, quand je ferme les yeux, ce sont de longues files de réfugiés qui passent devant moi comme au ralenti. Je vois d'interminables rubans humains sortis des pires de nos cauchemars. Ce sont des femmes, des enfants, des vieillards et des hommes semblables à nous qui marchent en silence.

Des dizaines, des centaines, des milliers d'histoires de terreur, de feu, de viol, de massacre, de meurtre et d'abomination. L'inconcevable. Tous transportent l'inconcevable dans leur regard hébété.

Plus la force de parler, de pleurer, de se plaindre. Ils marchent vers la frontière la plus proche. Et nous, nous les regardons marcher, assis devant notre télévision.

Il est bien loin de chez nous, le Kosovo! Et comment pourrions-nous, de toute façon, changer le cours des choses? Nous avons travaillé toute la journée, nous avons couru après le temps et nous sommes fatigués, nous aussi. Nos enfants jouent ou font leurs devoirs sur la table de la cuisine pendant que défilent sur l'écran les réfugiés silencieux de là-bas. Nos enfants semblent ne rien voir, mais pourtant ils enregistrent absolument tout de ce monde absurde que nous leur laissons en héritage. Il est tard, il faudrait bien qu'ils aillent se coucher. Nous aussi, d'ailleurs. Faudrait juste avoir le courage de fermer le poste…

Je ne dors pas. Je ne peux pas dormir. Le cortège des images avance vers moi… Et de cette abomination, je sais qu'émergera inévitablement la haine. Je le ressens dans tout mon être et j'ai peur pour nous tous.

Je crains le réveil de la haine, celle qui se dressera en eux quand ils auront repris des forces, quand ils auront moins faim, moins soif, quand ils se seront un peu réorganisés, quand ils ne craindront plus vraiment pour leur vie.

Comme elle sera terrible et terrifiante, cette haine des Albanais lorsqu'elle pourra s'exprimer, se dilater, se propager!

Une haine qu'on pensera, qu'on dira peut-être juste. Mais comment la haine pourrait-elle être... juste? Que faire pour l'arrêter quand elle se déploie et s'infiltre dans de telles proportions et depuis si longtemps dans le cœur vivant des peuples?

J'aurais la haine au cœur probablement, moi aussi, si on avait brûlé ma maison, si on m'avait chassée de mes terres, si on avait tué mon père sous mes yeux, massacré mes amis, si on avait violé mes filles, tué mes enfants. Je penserais à me venger de ceux qui ont brisé ma vie. Me venger coûte que coûte. Peut-être tuer à mon tour? Oh oui! cela me serait facile! Je voudrais détruire le plus rapidement possible ceux qui auraient détruit les miens. Poursuivre la guerre contre mes ennemis et qu'importe le temps que cela prendrait! Je continuerais sans relâche et pour des siècles à venir. Je voudrais les massacrer tous de mes mains. Je voudrais me rouler dans leur sang et dans celui de leurs enfants. Je voudrais recommencer l'inconcevable! Je voudrais...

Assez! Assez! Je ne veux plus de ces cris de vengeance qui montent jusque dans mes oreilles!

Qu'ils se taisent! Je refuse de nourrir la haine dans mon cœur!

*Mais que se passe-t-il? Mon amour, mon amour, regarde bien... Je crois que... je suis avec eux! Je sens que je suis là, dans la caravane, et que j'avance. Me reconnais-tu?* Me reconnaissez-vous? J'ai un châle rouge sur la tête, trois chandails de laine sous mon manteau et j'ai trop chaud dans l'humidité et le froid de ce petit matin blafard. J'ai mon fils de deux ans avec moi. Il s'appelle Andrei et il pèse trop lourd dans mes bras. Il vient de s'endormir enfin et sa tête ballotte dans tous les sens. Ses larmes, en séchant, ont dessiné des petites rigoles sales sur ses joues. Il s'est effondré d'épuisement tout à l'heure. Il ne comprend pas ce qui se passe, il réclame son père, il a faim. J'espère qu'il va dormir encore un peu. Je suis si fatiguée et comme il est lourd!

Moi, j'ai vu trop de sang. Plus rien n'est réel. Je marche avec les autres... La caravane marche, ce n'est pas moi. Mes pieds avancent tout seuls. Je suis dans la marée qui marche. Rien qu'un corps parmi vingt mille corps qui se déplacent. Je n'ai pas le choix, je marche parce que, pour l'instant, il n'y a même pas assez d'espace devant moi pour que je m'effondre. Trop de monde tout autour. Je ne vois ni le début, ni les contours, ni la fin de nous. Nous sommes... innombrables! Oui, c'est cela, c'est le bon mot : innombrables. Ils ne pourront jamais nous dénombrer tous.

C'est étrange, on dirait que je ne sens rien. Seulement mon dos qui vit et qui fait mal et c'est tout. Je suis comme anesthésiée. Des images, des mots viennent tourner dans ma tête et puis ils s'en vont. Trois petits tours et puis s'en vont, trois petits tours et puis… mourront. C'est cela, nous mourrons tous… Mais avant? Je ne sais pas. Je ne sais même pas où nous allons à présent… Je marche, je marche avec les autres qui marchent, c'est tout.

Il y a des choses sans importance dont je me souviens tout d'un coup. Tiens, c'est hier que j'aurais dû aller chez le dentiste. Il y a six mois que j'ai pris le rendez-vous… C'est drôle de penser cela… Maintenant, il n'y a plus de cabinet, plus de rue, plus de ville et même plus de dentiste! Heureusement, je n'ai plus mal aux dents…

L'été dernier, Andrei a cassé la belle assiette en porcelaine bleue que je tenais de ma mère. Cela m'a mise en colère et je l'ai frappé. Je le regrette, je le regrette…

Mes beaux souliers noirs sont-ils restés sous le lit? Ils ont dû brûler avec le reste. Après tout, le feu ne fait pas de différence entre les chaussures neuves et les vieilles. Les flammes ont fait disparaître toute trace de notre existence. Nous n'existons plus. Nous n'existerons plus… Mes chaussures ont brûlé et le lit avec et la maison par-dessus et toutes les maisons d'à côté.

Même plus la force de crier… Je marche en silence. À présent, il y a une haine monstrueuse qui dort comme un fœtus vivant dans mon ventre. Je la sens, cette haine, elle est de moi. Quand elle se réveillera, j'ai peur qu'elle ne soit terrible et qu'elle ne détruise d'abord mes entrailles, ma vie et celle de mon fils avant de jaillir tel un monstre hors de moi pour rejoindre la haine des autres, celle de la caravane…

J'arrête. Je ne continue pas!…

— Qu'est-ce que tu dis?
— Je ne peux plus écrire ce livre!
— Et on peut savoir pourquoi?
— Je ne m'y retrouve plus! Il y a trop de mondes différents sur cette planète! Autant d'univers que d'hommes et de femmes! Et pas de liens entre eux. Pas de cohérence. Rien ne se touche. Bien sûr, j'aime et j'habite, moi, un pays, une ville, une maison. Je m'y crois bien… bien en sûreté… Et puis soudain un autre univers s'ouvre et je me mets à le comprendre absolument, j'en saisis les règles, les enjeux et j'y plonge…
— Et alors?
— Ne comprends-tu pas? J'ai vraiment été cette femme au châle rouge tout à l'heure… J'ai basculé avec elle dans la haine qui l'habite comme dans un gouffre. Non seulement je ne l'ai pas jugée, ni déjouée mais je l'ai comprise. J'ai marché avec elle sur le même chemin défoncé par les bombes, j'ai trébuché dans les mêmes trous de son âme. J'ai porté son fils et nourri sa rancœur. Je te jure qu'elle me ressemble, cette femme de l'autre bout du monde! Dans les mêmes circonstances, je réagirais comme elle. Comment continuer à parler d'amour dans ces conditions?

— Essaie quand même de m'expliquer ce que tu ressens.

— Je pensais vraiment que je respectais la vie sous toutes ses formes… Pourtant, moi aussi, comme elle, je voulais me venger… Alors, à présent, j'ai peur de me mentir à moi-même en poursuivant ce livre qui veut parler d'amour !

— Encore la peur ?

— Oui, on peut l'appeler ainsi.

— Allez, retourne là-bas et suis-la encore un peu, cette femme… Regarde ce qui lui arrive. Écris !

Je crois qu'ils viennent de s'arrêter dans une usine en ruine pour passer la nuit. Ils ont allumé un feu dans un coin protégé… Je les vois, entassés les uns sur les autres, recroquevillés sur eux-mêmes. Ils ont froid. Encore une fois, cette impression à peine supportable d'oppression. Un mauvais rêve terrifiant duquel on veut s'arracher coûte que coûte. Beaucoup dorment, d'autres ont les yeux grands ouverts… Il y a un homme qui tousse à s'en arracher les poumons, puis des enfants qui pleurent. Soudain, des lueurs jaunes au loin, suivies de grondements sourds. On pilonne un village plus au nord, certainement. Des avions survolent la région. La peur, la terreur partout. Palpable.

— Tu la vois, elle ?

— Oui. Elle est assise par terre parmi les autres, adossée à un muret de briques à moitié écroulé. Andrei est endormi au creux de ses bras, enroulé dans son châle rouge. Elle est penchée sur lui, le visage enfoui dans ses cheveux blonds.

— Tu peux t'avancer ?

— Oui, j'y suis… Tu sais, je crois qu'elle pleure… Elle n'en peut plus…

— Reste près d'elle un moment.

— Mais pourquoi?

— Ne pose pas trop de questions. Approche-toi davantage.

— C'est étrange… Je sens comme… un frisson, une onde qui passe. Il y a… une lumière douce qui l'enveloppe tout à coup. C'est bon, ça fait du bien. Elle s'étonne et elle regarde tout autour. Elle cherche à savoir d'où ça vient. Dis-moi, qu'est-ce que c'est?

— Mais… c'est toi! C'est toi, cette lumière douce.

— Moi?

— Oui, c'est ton amour, là, maintenant, qui lui souffle un peu de joie à l'oreille.

— C'est impossible!

— Pourtant…

— Ce serait bien juste une nanoseconde de répit au milieu d'un carnage! À quoi cela pourrait-il servir? Une goutte d'eau dans…

— Une goutte d'eau vive dans un marécage. Oui, c'est bien ça… C'est tout ça.

— C'est absurde! Et même s'il y avait effectivement un lien, une espèce de connexion directe entre cette femme du Kosovo et moi qui écris son histoire…

— Regarde-la à nouveau, regarde surtout ses yeux! N'aie pas peur… Et maintenant, qu'est-ce que tu vois?

— Elle relève la tête et… elle se met à fixer le ciel. Je la sens plus calme. Son regard est plus clair, plus vivant. On dirait qu'elle respire un peu mieux.

— Tu comprends ce qui se passe à présent?

— Non, je ne comprends pas…

— Tu l'as aimée, cette femme, n'est-ce pas? Tu l'as comprise et reçue tout entière. Alors, quelque chose s'est modifié en elle… et en toi aussi, à cause de cela.

— Mais quoi? Dis-moi quoi?

— Eh bien, écris la suite! Écris sa suite. Tu verras par toi-même.


Les étoiles brillent cette nuit… Comme si de rien n'était. Je croyais qu'ils avaient tout détruit, tout dévasté. Je croyais avoir tout perdu. Il reste pourtant ce grand ciel de nuit bleu marine et ses percées de brillance… Andrei, mon petit, c'est l'amour que je voulais t'offrir en partage en te mettant au monde, il y a deux ans, il y a un siècle… Pas ma haine, non, pas ma haine… Il ne faut pas répandre la haine, il ne faut pas y basculer… Je le sais et pourtant… Pardonne-moi… Andrei, mon enfant, donne-moi un peu de ta force… C'est l'amour que je veux t'enseigner… C'est la seule façon que nous aurons de survivre, de recommencer…

# 9

## *Option bonheur*

Ce fut un grand jour, le 11 mai de cette année-là…

*Il est midi et tu arrives ce soir! La joie et la douleur s'entremêlent. Tu viens! Tu viens vers moi! Voilà, c'est fait. Tout est accompli, tu as réussi. Enfin, nous serons réunis. L'étreinte est commencée. Nos poitrines battent déjà au même rythme.*

*Oh! la violence de la douceur infinie, comme elle m'attire…! Nos bras se touchent déjà et nos mains inventent dans l'espace le premier mouvement du ballet magique de nos retrouvailles. Les mots sont trop petits pour contenir ce que je ressens maintenant. Mon amour, mon amour, mon amour, je recommence à vivre.*

*Je ne peux pas lire, ni me promener, ni faire quoi que ce soit… Tu t'en viens et la vie tout autour s'est arrêtée, figée sur «pause» à la même image. Tout ce qui n'est pas attente de toi a disparu. Je ne respire plus que par petites saccades maladroites.*

*Qu'existe-t-il au bout de nous deux? Un grand cri, un sanglot si terrible que l'espace va se déchirer.*

*Hurle, hurle, ma joie, comme une plainte désespérée qui s'élance vers le ciel. Nous avons mis en scène nos histoires et voilà que le moment du dénouement arrive.*

*Je te sens, tu conduis sur l'autoroute, tu n'es plus rien que ces kilomètres qui s'enfilent dans le temps. Tu as aussi peur que moi d'être ici... Aussi hâte...*

*C'est trop fort, je me déchire. Rassure-moi, mon amour, dis-moi que nous n'irons que doucement jusqu'au centre de nous...*

\* \* \*

Ça fait maintenant quelques années qu'*il* est apparu dans ma vie et que tout est bouleversé à cause de *lui*! Oh oui! l'amour, ça chamboule le quotidien et ça le malaxe drôlement!

Quand il me voyait réaménager la maison au grand complet pour *son* arrivée, déplacer les meubles, poser de nouveaux tableaux sur les murs, acheter des draps de satin couleur lavande et risquer l'apoplexie chaque fois que le téléphone sonnait, Éric-André, mon homme à tout faire, me regardait souvent avec inquiétude.

À cette époque-là, Éric-André venait de temps en temps me donner un coup de main pour les petits travaux de bricolage, mais depuis qu'*il* est là, c'est *lui* qui s'occupe de tout ça.

— Crois-moi, il te met dans tous tes états, cet homme-là! finissait par oser me dire Éric-André quand il n'en pouvait plus de se taire. Je ne sais pas ce qu'il peut bien avoir de plus que les autres... Il

114

me semble que tu aurais pu profiter un petit peu de ta liberté.

Que pouvais-je faire? Je continuais à sourire béatement, les yeux dans le vague, une guenille imbibée de nettoyant à la main.

— Pauvre petite fille! Tu n'as pas encore reçu tes papiers de divorce et tu t'embarques déjà les yeux fermés dans une autre histoire d'amour.

— Mais, Éric-André, tu ne comprends pas! Cette fois-ci, c'est bien différent!

— On dit ça... Moi, en tout cas, j'ai assez de mal à me comprendre moi-même, je n'essaierais pas de comprendre quelqu'un d'autre par-dessus le marché! Faut y penser à deux fois avant de faire entrer quelqu'un dans ses affaires!

— Tu n'aurais pas envie de tomber en amour, toi?

— Oh non! jamais de la vie! Je m'arrange trop bien tout seul!

Sur ce sujet, Éric-André était intarissable. Il avait tellement peur qu'une catastrophe comme celle-là lui tombe dessus qu'il évitait systématiquement les bars, les soirées, les festivals en plein air et même les trajets en autobus.

— Moi, je garde le contrôle de ma vie! Le contrôle absolu! m'a-t-il déclaré un jour avec un air inspiré.

— Le contrôle absolu?

— Oui, ma chère! Et le contrôle absolu, ça commence par ta télévision! Ne ris pas! C'est bien plus important que tu ne le penses! Dans ma maison, personne d'autre que moi ne touche à *ma* télécommande! Je zappe et je zappe tant que je veux, aussi vite que je veux, j'arrête à la chaîne qui me plaît, le temps que ça me plaît. Le bonheur, quoi! Tu me suis?

— Oui, oui...

— Je mange ce que je veux, quand je le veux, à l'inspiration. Réalises-tu qu'il n'y a que *mes* traîneries dans *ma* salle de bains? Chez moi, les taches de dentifrice dans le lavabo et les cernes autour de la baignoire sont... d'appellation contrôlée! Et puis personne à qui rendre des comptes quand je pars, personne qui s'inquiète quand je suis en retard pour souper. La vraie liberté!

— Le lit ne te paraît-il pas un peu froid et vide parfois?

— Ça arrive! Mais le grand avantage, c'est que je ne risque pas d'attraper des maladies! Le sida, moi, ça me donne des boutons rien que d'y penser! En passant, lui as-tu demandé de passer des tests sanguins?

— Ben... non...

— J'espère au moins que vous prenez quelque précaution?

— ...

— C'est bien ce que je pensais! Tu fais ce que tu veux, a-t-il ajouté en levant les yeux au ciel. Tu es majeure!... En tout cas, pour revenir à ce que je disais, quand tu es seul dans ton lit, personne ne ronfle dans ton dos pour t'empêcher de dormir et tu peux écouter tes solos de trompette préférés jusqu'à deux heures du matin si ça te chante!

— Évidemment, vu comme ça...

— Personne pour se plaindre d'un mal de tête, personne pour te donner des conseils dont tu ne veux pas. Personne pour avoir des états d'âme ou… de mauvaises périodes ! Personne pour te faire la guerre ou pour te reprocher mer et monde. La sainte paix ! Oh non ! c'est certain, je ne changerais pas ma vie de célibataire pour tout l'or du monde !

Déjà, je ne l'écoutais plus… La bouche d'Éric-André remuait toujours, des mots continuaient sans doute à se former dans l'espace alentour, mais c'était devenu flou… comme de la fumée qui s'échappe d'une cigarette et qui disparaît dans le vide…

Un frisson venait de me parcourir tout entière : c'était *lui* ! *Lui* qui venait me dire bonjour à sa façon, franchissant en une seconde des milliers de kilomètres pour me rejoindre. Qu'importe la prudence qu'il aurait fallu avoir et démontrer, *il* était en moi. Je *l'*accueillais en dedans et je croissais à vue d'œil.

J'étais un fleuve en crue. Je *lui* cédais. Mes glaciers libérés craquaient avec un épouvantable fracas. J'étais débâcle et démesure. Je m'échappais, je m'écoulais, je me déversais et cela ne paraissait même pas ! J'avais même l'air de poursuivre à peu près normalement une conversation ordinaire !

Pourtant, comme j'aurais voulu être seule ! Oui, là, tout de suite. Oh ! m'étendre sur mon lit, les yeux fermés afin de mieux ressentir son étreinte. Devenir papillon et me déployer pour *lui*, les ailes grandes ouvertes pour recevoir sa tendresse.

*Il* était là. *Il* me touchait vraiment et partout à la fois. J'étais exposée sans défense aux caresses puissantes de son âme. J'étais… éperdue d'amour.

117

*Il* m'aimait! *Il* m'aimait! Rien d'autre n'existait plus pour moi que cette certitude absolue. Oh! le ravissement!

Comment expliquer cela?... Comment comprendre cette façon inusitée et certainement surprenante de nous aimer sans avoir nécessairement besoin de nous toucher physiquement? Et pourquoi ces retrouvailles sacrées se produisaient-elles si facilement, si spontanément?

Je crois que nos corps ressentaient le besoin impérieux d'expérimenter d'avance leur passion dans l'espace de leurs âmes. Oui, dans l'espace. Car le risque aurait été trop grand pour nous deux de mourir pulvérisés si cette passion démesurée s'était concrétisée trop tôt ou trop rapidement.

Oh! si vous saviez comme je me serais voulue sans rides, sans défaillances, immensément en forme pour l'accueillir dans ma vie et dans ma maison! Mais c'est bien difficile, avec le rythme de vie qu'on mène, de trouver du temps pour se reposer ou pour s'offrir des soins esthétiques.

Cependant, je crois que si j'en avais eu, à ce moment-là, le courage ou la force physique, il aurait plutôt fallu que j'opte pour l'escalade, la trampoline ou le trapèze! Cela aurait été une meilleure préparation aux états de vertige intense qui m'attendaient... Car, je le vois aujourd'hui, je m'apprêtais à entrer dans un cycle de périlleux «triples sauts avant» sans filet et au milieu du vide!

Parfois, je divaguais... Pourquoi n'étais-je pas mille fois plus belle et plus blonde avec de grands yeux bleus ou pailletés d'or? Pourquoi n'avais-je pas de longues jambes fines et interminables comme celles des filles qu'on voit dans les revues de mode?

Et puis je me rassurais, je me disais qu'*il* m'avait aimée dès le premier moment, au premier regard et… telle quelle! J'étais cette femme qu'*il* désirait et, après tout, peut-être que de trop longues jambes ne *lui* auraient pas plu davantage…

Je me posais des questions folles et je les faisais valser comme des toupies jaunes dans ma tête. Pourquoi moi? Pourquoi m'aimait-*il,* moi?

Et puis je comprenais qu'*il* devait m'aimer surtout à cause de ce bonheur plein qui m'habitait. Un bonheur qui avait survécu à beaucoup, beaucoup d'épreuves et qui brillait comme un soleil dans ma poitrine… Oui, c'est ça qui avait dû l'attirer! Bien plus que tout le reste.

Comme ils avaient été longs, sinueux et pleins de crevasses, de bosses et d'imprévisible, les chemins qui nous avaient réunis! Mais le bonheur profond que nous avions cultivé tous les deux, malgré les circonstances parfois difficiles de nos vies, nous appartenait en propre. C'était un héritage, une dot que nous nous apportions mutuellement.

C'est bien rassurant de savoir que l'un n'attend pas de l'autre qu'il «fasse» son bonheur. Mon bonheur, c'est ma responsabilité; j'en suis à la fois la cause et la conséquence ultime. Dieu merci, j'avais déjà compris ça avant qu'*il* n'arrive dans ma vie. C'est certainement une des raisons qui font que nous avons pu nous retrouver et que sommes si bien ensemble à présent.

Peu importe ce qui m'arrive de beau ou de difficile, c'est bien moi qui tiens la barre face au vent.

C'est moi l'unique et le puissant capitaine de mon grand navire, c'est moi qui décide à mesure «comment» se vivra mon histoire.

Vous savez, j'ai ressenti une telle fierté à l'intérieur de moi le jour où j'ai découvert ce grand secret! Bien sûr, je n'ai rien inventé... À peu près tout le monde pourrait vous dire qu'il est possible, par la pensée, de transformer sa vie ou son environnement. Il existe à présent des centaines de livres qui donnent des recettes pratiques pour y arriver. Mais quand on comprend ce que cela signifie véritablement, quand ce ne sont plus des recettes justement, quand on l'a intégré au plus profond de soi, ça change tout!

— Hé, fille, m'écoutes-tu?

La voix d'Éric-André m'a fait tellement sursauter que j'ai cru que mon cœur allait se décrocher. Qu'essayait-il donc de me dire, juché comme ça, en équilibre instable, sur la dernière marche de l'escabeau?

— J'ai fini de poser la tringle! a-t-il presque crié. Ça fait trois fois que je te demande si tu veux que je te raccroche les rideaux.

— Euh... oui... Oui!

— Tu es vraiment perdue dans ta bulle, toi!

— Dis-moi, Éric-André, lui ai-je demandé en lui tendant les tentures de dentelle à bout de bras pour ne pas qu'elles traînent par terre, c'est bien ta mère qui disait : «Le bonheur, c'est comme le sucre à la crème : quand on en veut, on s'en fait!»?

— Tu te souviens de ça?

— Tu sais, elle avait bien raison, ta mère...

* * *

Je crois que j'ai volontairement décidé de vivre ma vie avec option bonheur, et cela, quoi qu'il arrive. Vivre volontairement heureux… C'est tout un programme! Un programme bien simple et qui tient en deux mots, mais parfois j'ai vraiment l'impression que c'est révolutionnaire. Oui, ça dérange drôlement tout le monde quand on décide de vivre heureux! De quel droit, après tout? C'est une véritable insoumission, une rébellion contre l'ordre établi! Le bonheur va carrément à l'encontre de tout ce qui est branché actuellement. C'est le désespoir qui est à la mode, et ça ne semble pas devoir changer de sitôt.

Parler de bonheur, ça fait vite subversif, inquiétant, troublant même. Encore un peu et on me soupçonnerait d'appartenir à une secte! Un redoutable regroupement de gens heureux qui sévirraient dans une société qui est officiellement désespérée et qui s'ingénie à le démontrer de toutes les façons possibles!

C'est terriblement dérangeant pour les autres quand on se met à déclarer devant eux qu'on est heureux. Essayez pour voir. Vous savez, c'est un peu comme ces films dont certains critiques affirment très sérieusement qu'ils ont «de trop belles images» ou «de trop bons sentiments». Comme si c'était devenu carrément insupportable de contempler de la beauté et de l'harmonie à haute dose! C'est fou! Est-ce maintenant une tare ou une faute grave de ne pas verser comme tout le monde dans l'absurde, dans la désolation, dans la perversité ou dans l'horreur?

Parfois, je le trouve un peu… étrange, ce monde où l'on vit.

En tout cas, il m'a fallu bien des années pour comprendre enfin que, non seulement j'avais le droit d'être heureuse mais que j'en avais aussi et surtout le devoir! Et que, pour tout le monde, c'était pareil!

La difficulté a été d'intégrer une telle proposition. Comment croire que la réalité d'un bonheur possible soit uniquement une question de neurones? La tête, on le sait bien, c'est seulement une première étape.

Ce sont nos cellules qui restent à convaincre! D'abord évidemment celles de nos jambes, de nos bras, celles du cœur et du ventre, mais aussi celles qui constituent sans doute tous ces morceaux invisibles de nous qui nous échappent encore et qui se mêlent subtilement aux bribes de nos mémoires passées.

C'est impossible d'opter pour le bonheur sans d'abord enlever couche par couche tous les vêtements étriqués et passablement usés (mais confortables, il est vrai) de la victime impuissante et souffrante. Vous savez bien, l'éternelle victime qui se fait plaindre et prendre en charge par les autres : «Je serais donc heureuse ou heureux si un tel ne me faisait pas tout le temps souffrir, si j'avais plus d'argent, si j'attrapais ce contrat, si je ne faisais pas toujours des crises d'asthme, si mon patron me considérait mieux, s'il arrêtait de pleuvoir, si…, si…, si…» On les connaît par cœur, ces excuses faciles, on les a toutes employées parce qu'elles sont rudement commodes quand on veut se donner bonne conscience.

Oh! rassurez-vous, je ne suis absolument pas déconnectée de la réalité! Je sais bien que ce n'est pas parce qu'on décide un jour de vivre avec l'option bonheur qu'on n'a subitement plus de douleur, de souffrance ou d'épreuves. C'est évidemment impossible de passer, comme ça, tranquillement et sans se mouiller, entre les gouttes d'eau. On ne peut pas *évoluer gentiment*, sans heurts, sans secousses et sans que cela ne menace sérieusement notre petit confort. Comme disait parfois Éric-André : «Crois-moi, on n'est pas venus ici pour rigoler!»

C'est bien vrai. On est ici pour apprendre, expérimenter, essayer, se tromper, recommencer, se reprendre, essayer encore, grandir, changer...

C'est évidemment d'une autre qualité de bonheur dont je veux parler. Ce bonheur ne dépendrait pas vraiment des circonstances, il serait plutôt un... état. Comme si, malgré les larmes, on était constamment baigné dans de la lumière et que, malgré tout ce qui se passait, «ça» restait calme, très, très calme en dedans.

Je n'ai pas les mots pour exprimer cela... Ils sont à inventer. Plus tard, sûrement, ils viendront. Quand les images seront prêtes.

Je disais donc que, lorsque *mon amour* est arrivé, *il* n'a pas eu à se sentir responsable de moi ni de mon bonheur. J'y étais. J'y étais déjà, dans ce bonheur silencieux. Depuis des années, je m'étais préparée, j'avais été labourée de long en large et de haut en bas. Un long et patient travail de préparation dans lequel j'avais perdu des plumes, bien sûr, mais qui m'avait surtout fait pousser des ailes.

J'avais donc un bonheur ouvert, prêt à changer de nom et de direction s'il le fallait. J'avais des ailes frémissantes d'impatience et d'enthousiasme et mon envol déjà écrit en filigrane dans leurs couleurs et leurs contours.

J'étais libre! J'avais retrouvé ce pouvoir qui fait qu'on peut rendre son histoire belle ou sordide, merveilleuse ou invivable, selon ce qu'on choisit.

Oh! je pense que j'aurais pu en rester là. D'une certaine façon, je m'étais trouvée. En joies, en peines, en misères, en projets. J'acceptais enfin qui j'étais, avec mes perfections, mes limites et mes couleurs. Oui, j'aurais pu en rester là, complétée par moi-même comme on se tient les mains jointes et scellées pour prier. Mais «ma vie», celle qui sait d'emblée ce qui est bon pour moi, avait décidé que ça allait se passer autrement, qu'il y avait quelque chose d'extrêmement important qu'il fallait à présent que j'expérimente.

Alors, j'ai desserré mes mains pour faire de la place à mes bras qui voulaient s'ouvrir. Je l'ai accueilli en moi et je n'ai pas refermé mes bras sur *lui*. *Il* ne serait jamais en prison, cet homme que j'aime! Je ne *lui* couperais pas les jambes pour le garder plus près de moi. Au contraire, je serais celle qui *lui* donnerait immensément le goût du large.

Tout resterait ouvert entre nous, à l'image de mes bras déployés. Cette liberté que j'avais acquise, voilà que je la *lui* donnais. Mon bonheur à moi, c'était la clé d'or de sa liberté à *lui*. Je ne *le* tiendrais jamais responsable de ce qui m'arriverait.

«Tu peux venir, lui ai-je écrit un jour. N'aie pas peur. Tu sais, moi, j'ai du talent pour le bonheur!»

* * *

Le 28 mai, dix-septième jour de notre vie commune…

*Sa respiration s'approfondit… Peut-être s'est-il endormi? Tout à l'heure, il s'est discrètement retourné vers la fenêtre. «Tu peux écrire si tu veux, ne te préoccupe pas de moi, la lumière ne me dérange pas.»*

*Et voilà… Il m'offre son dos tout couvert de taches de rousseur. Ses longues boucles brunes sont éparpillées sur l'oreiller. Je suis émue. Cet homme m'émeut jusqu'au fond de l'âme. Sa seule présence silencieuse me bouleverse.*

*Il dort maintenant… Me voici seule. Aux prises avec l'incroyable, avec l'impensable. Mon amour est là, je le frôle avec mon genou. Je n'aurais qu'à allonger la main et à toucher sa peau pour réveiller sa tendresse. On recommencerait à rouler et à se dérouler comme des algues bleues au fond de l'océan. Un lent ballet où l'extrême douceur de nos corps se mêlerait à ce besoin impérieux qu'on a de s'unir, de se pénétrer, de fusionner. Oh! ne plus former qu'un seul être vivant!…*

*C'est étrange… Près de lui, il m'arrive souvent de ressentir une euphorie telle qu'elle me fait croire à un rêve inventé, et puis soudain, sans prévenir, survient la douleur… Aussi vive, aussi présente que la joie.*

*Je bascule. Ses yeux m'emmènent de plus en plus loin au centre de lui, au milieu de moi. Quand je marche, j'ai l'impression que mon corps a le «roulis» comme si je revenais d'une semaine sur un*

125

bateau en pleine mer. Une empreinte de lui sur moi, en moi...

Depuis son arrivée, ma vie s'est transformée. J'ai changé de trajectoire, on dirait. Lui aussi, d'ailleurs.

Parfois, nous parvenons à nous aimer «totalement», mais c'est encore si peu pour rassasier le désir infini qui palpite en nous et qui hurle de ne jamais pouvoir être assouvi. Nous nous sentons souvent comme des naufragés d'un autre âge à nous aimer avec cette intensité. À nous aimer comme si c'était toujours la première fois... ou bien la dernière...

Dieu que cet homme m'émeut! Je l'aime si fort, si... absolument! Et ses yeux, tantôt verts, tantôt noirs ou turquoise, me renvoient cette passion d'amour avec la même force, la même exubérance. Je n'ai jamais vécu cette sorte d'amour. Moi qui croyais avoir appris à aimer, voilà que ce que je ressens pour lui ne ressemble en rien à ce que j'ai vécu auparavant. Je crois que nous expérimentons autre chose. Un autre état d'être...

Nous avons planté un lingam rose et doré dans la chair de nos âmes, il nous reste désormais à bâtir une cathédrale.

# 10

## *Le désamour*

Ne plus penser... Ne plus penser, juste recevoir la Vie, une et indissociable. Oublier le temps qu'il fait sur ma rue et découvrir le climat du monde. Tout change et tout se modifie si vite maintenant. Comment tenir la barre? Comment ne pas perdre pied quand les précipices succèdent aux précipices et que les chutes dans le vide sont devenues pour les humains que nous sommes une façon pratiquement inévitable d'avancer? Oui, plonger en avant... Tête première et les bras levés, forts de l'élan imprimé en nous par l'abandon. Plonger pour gagner du terrain, pour dépasser ce... si petit quotidien qu'on nous a laissé en héritage et dont on nous a toujours dit qu'il fallait se contenter.

Tout risquer plutôt que de mourir pétrifié de peur dans un désert tranquille! Sortir des rangs pour ne pas se diluer et s'affadir. Affirmer fièrement sa survivance dans une société où le cynisme est perçu comme de la haute intelligence et le mépris admiré comme un trait de génie!

«En amour, il n'y a que les débuts qui soient amusants!» déclarait déjà haut et fort, aux premiers temps de nos amours, quelqu'un qui me fut très proche. Il y a parfois, comme ça, des mots qui meurtrissent aussi efficacement que des armes. On tue, on tue avec des mots en toute licence, avec un sourire supérieur aux lèvres et sans que la blessure infligée soit tout de suite apparente...

Je n'avais même pas encore vingt ans. Les mots meurtriers furent tout simplement mis entre guillemets sur une petite carte accompagnant un bouquet de fleurs. Encore aujourd'hui, je me revois lisant et relisant sans la comprendre la phrase notée par celui que je commençais à aimer : «En amour, il n'y a que les débuts qui soient amusants...» Une espèce de serrement glacé au niveau de ma poitrine. Un message reçu dix sur dix en plein cœur... Un premier doute.

J'ai placé la carte en équilibre entre deux tiges de marguerites. C'est tout. Une joie soufflée et la vie continue. Il n'y aurait jamais de «toujours» entre nous. Je devrais m'y faire, m'adapter, accepter.

Les petites pattes de mouche écrites au stylo bleu venaient d'ouvrir une déchirure. La citation de l'auteur célèbre (dont j'ai oublié le nom) ne se voulait évidemment pas méchante, mais elle n'était pas innocente non plus. Si seulement on réalisait à quel point elles sont lourdes de conséquences, les paroles qu'on balance et qu'on répète avec désinvolture aux premiers temps d'une histoire d'amour!

Des questions sur ma capacité à lui plaire à long terme sont donc apparues très tôt; elles se volatilisaient comme des nuages transparents les jours de joie et d'insouciance, mais les interrogations revenaient insidieusement me retrouver au moment où je ne les attendais pas… Elles surgissaient surtout les jours d'abandon… Vous savez bien, ces jours blancs et tristes comme des dimanches après-midi quand on se sent si fragile et tellement démuni…

J'avais pourtant juste vingt ans! C'est bien jeune pour se demander déjà comment faire afin de demeurer toujours intéressante et désirable. J'étais assurément battue d'avance. Toutes les autres jeunes femmes auraient d'emblée un avantage sur moi, ne serait-ce qu'à cause de leur nouveauté! Comment pourrais-je partager la vie d'un homme et rester tout de même à ses yeux continuellement nouvelle? Le défi semblait impossible à relever. Et puis, le début d'une histoire d'amour, ça n'arrive évidemment qu'une seule et unique fois! Notre première rencontre et notre découverte l'un de l'autre dataient déjà de quelques mois. Mon temps de séduction s'achevait-il donc là, tout de suite? Il venait pourtant juste de commencer!

Cette tristesse sourde au fond de mon cœur ne fit que se préciser et s'amplifier au cours des années. Un jour, je lui ai donné un nom. Je l'ai appelée le… «désamour». C'est ça… Je crois que j'ai souffert longtemps de désamour.

C'est drôle, je ne me rends compte qu'à présent à quel point ce fut difficile de partager mon existence avec un homme tout en sachant d'avance que, quoi que je fasse, je ne réussirais jamais à lui suffire…

Le temps a passé… J'ai plus de recul maintenant… Je regarde ma vie avec bien plus de tendresse et de compréhension. L'expérience du désamour faisait partie de mon apprentissage. C'est comme ça. Je le comprends à présent et je l'accepte. Il faut sans doute aimer et être aimé de toutes les façons possibles et probablement pendant des millions d'années pour apprendre à aimer et à être aimé un peu mieux! Après tout, il n'existe pas d'écoles d'amour et encore moins d'universités qui puissent offrir de prestigieux certificats de «hautes études amoureuses» et qui puissent faire de nous facilement, par projection mentale, des maîtres en la matière! Il faut soi-même expérimenter l'amour, être confronté à toutes ses facettes contradictoires et surtout, surtout, en sortir… adouci.

J'en connais, et vous aussi certainement, des hommes et des femmes qui préfèrent ne pas s'engager. Ils se spécialisent presque exclusivement dans les «débuts» d'histoires d'amour. Ils choisissent la fièvre des commencements, le charme irrésistible des coups de foudre, les folles liaisons à répétition. Bien sûr, c'est exaltant de se lancer dans une nouvelle aventure amoureuse! Mais, à la longue, j'ai l'impression qu'ils finissent souvent par s'épuiser et par s'assécher l'âme, comme si trop de débuts sans suites minaient le corps et faisaient tarir la source…

Aujourd'hui, et parce que je suis en train de le vivre profondément dans ma chair, je réalise que ce qui est extraordinaire dans une histoire d'amour, c'est bien plus ce qui se passe après le début. Et tant pis pour les auteurs célèbres et désabusés qui pontifient sur des réalités auxquelles ils n'auront peut-être jamais accès!

C'est étrange comme les vrais amoureux font des vagues autour d'eux sans le vouloir. Nous aussi, on en fait. On n'échappe pas à la règle. Probablement parce que ça paraît beaucoup dans le regard, dans le sourire, sur le corps tout entier quand on est véritablement en amour! Alors, les gens se mettent à nous observer de près, comme s'ils cherchaient confusément le moindre symptôme de fatigue entre nous, le plus petit indice de lassitude et d'ennui. Un signe… On dirait qu'ils épient le moindre signe de fléchissement.

Peut-être allons-nous nous attiédir et nous désynchroniser? Le temps finira-t-il par avoir raison de nous? Allons-nous enfin arrêter de faire mentir les statistiques qui ont dûment répertorié et classifié tous les problèmes qu'un couple normal doit affronter? Ils attendent… Nous allons nous planter tôt ou tard, c'est évident! C'était simplement une fausse piste stupide et romantique que nous suivions, un chemin sans issue… Bientôt, certainement, je vais leur avouer que je me suis emballée trop rapidement, que c'était juste un beau rêve pas très réaliste que nous poursuivions ensemble! Oh! si seulement je leur confiais que nous étions, nous aussi, comme tout le monde, aux prises avec de petits ou même de moyens accrochages quotidiens de personnalités et de rapports de force! Comme ce serait rassurant!

Mais ce n'est pas le cas! Je ne peux quand même pas inventer des conflits entre nous quand il n'y en a pas! Oui, je l'avoue, c'est très facile d'être ensemble, même vingt-quatre heures par jour. C'est simple de travailler côte à côte, de partager les tâches ménagères, de s'amuser, de faire des courses. On n'a même pas de mérite, c'est tout naturel. Mieux encore : toute notre vie s'est mise à prendre des allures de fête juste parce qu'on est tous les deux! Et ça fait déjà bien des années maintenant que ça dure et on ne peut pas imaginer que ça pourrait se passer autrement. Pas une seconde de flottement, de malaise, de tension. Pas de contentieux qui pourraient provenir de cette vie ou même d'existences passées. Pas de problèmes non résolus entre *lui* et moi, pas de non-dit, pas de dettes. Pas besoin de faire de concessions et jamais d'eau dans notre vin! Voilà!

Je sais que cette situation est plutôt rare et que nous sommes privilégiés, mais nous ne devons certainement pas être les seuls à qui ça arrive! Pourquoi cela se passe-t-il comme ça? Difficile à dire. Ça nous échappe un peu. J'imagine qu'on a dû régler nos vieux comptes avant d'arriver dans cette vie. Peut-être n'y a-t-il même jamais eu de problèmes entre nous au cours des siècles! Quand nous nous sommes rencontrés, l'ardoise était vide et elle reste vide.

Pourquoi chercher l'erreur ou la faille? On s'aime, on s'aime vraiment. C'est tout simple.

\* \* \*

C'était un 3 janvier et il neigeait à plein ciel.

*Il écrit en bas. Du haut de la mezzanine, je le regarde être vivant. Pendant quelques secondes, ses yeux se lèvent, perdus dans un autre espace et dans un autre temps qui ne m'appartiennent pas, puis il baisse la tête et sa plume recommence à faire vivre ce monde d'autrefois qu'il parcourt. Je le regarde être vivant, cet homme que j'aime, drapé dans le* kimono japonais que je lui ai offert, il y a quelques jours...

«C'est le plus beau cadeau que j'aie reçu de toute ma vie», m'a-t-il dit, et il avait les yeux remplis de larmes. Les lumières du sapin de Noël dans la nuit, la musique et sa main sur ma poitrine n'en finissaient plus de parachever l'enchantement...

Les mots viennent, je ne sais pas où les mettre. Les mots viennent, ils descendent du plafond cathédrale et nous les recevons ensemble. Lui en fait un livre. Mais moi?... Que m'est-il demandé, à moi? Les mots tombent du ciel. Blancs, tourbillonnants, pleins de mystère comme la neige de ce matin. Ils tombent, je les reçois tous ensemble et j'ignore encore ce que j'en ferai. Des colliers peut-être? De fragiles colliers de jasmin odorant. Je tresse des colliers au soleil d'un autre temps. Dans quel pays, à quelle époque? Je tresse des colliers parce que les mots descendent sur moi en flocons...

Dans quelques jours, nous allons devoir défaire le sapin, décrocher les décorations, ranger dans une grande boîte la crèche qu'il a construite pour moi. Une crèche faite en vrai bois, avec de la vraie mousse sur le dessus et puis des lichens, des branchages et les grosses pierres plates que nous sommes allés chercher ensemble sur la montagne. Une crèche avec tous les personnages de l'histoire, même le chameau des Rois mages et l'ange sur le toit, réelle comme celle qu'on souhaite quand on est petit, quand on a toute la vie devant soi et que tout est encore possible. Oh! il a été magique, ce premier Noël...

*Le voilà à présent qui écrit à toute vitesse comme s'il avait peur d'oublier ne serait-ce qu'un peu de ce qu'il vient secrètement de recueillir dans le ruissellement argenté de la lumière. J'ai presque peur d'être indiscrète à le regarder comme ça, sans rien dire et sans qu'il me voie. Il est beau. Il a cette véritable beauté de l'âme et du cœur qui transparaît dans chaque regard qu'il pose sur les gens et sur les choses et dans chacun de ses gestes, même les plus ordinaires.*

*Une année neuve s'ouvre devant nous. Nous en franchissons ensemble le portail, confiants, mais sans avoir le moindre indice de ce qui nous y attend. Tout est tellement imprévisible... Lui et moi, ici, dans cette maison qui nous ressemble, à recommencer notre existence... Il y a moins d'un an, comment aurions-nous pu prévoir ou même imaginer une chose pareille?*

*Mais pour renaître, je le sais maintenant, il a fallu accepter de mourir tous les deux, chacun à notre façon, chacun à notre histoire et sur des continents différents. S'arracher à notre vie d'avant, avec toute la souffrance que cela devait néces- sairement provoquer en nous et autour de nous. S'extirper de l'ancien monde, accepter de perdre ce qu'on avait. Assumer la déchirure. Il nous a fallu connaître la douleur, la vraie douleur, la pure, l'incontournable. Sans le savoir et chacun de notre côté, il nous a fallu en consommer l'amertume et le feu dévorant jusqu'au point de non-retour... Le point de non-retour, quand mourir demande tellement moins de courage que de continuer à avancer...*

*Je me demande parfois si on aurait pu se dé-*
*rober, repousser cette grande transformation qui*
*nous était proposée et continuer notre existence*
*comme si de rien n'était. Évidemment, on aurait évité*
*bien des remous, des récifs et des raz-de-marée! Rien*
*n'aurait été bougé, bousculé ou remis en question.*
*Tout le monde aurait été content et les apparences*
*seraient restées sauves. Mais qu'est-ce qu'on serait*
*devenus, lui et moi, si on s'était arrêtés en chemin,*
*si on avait nié cette exigence intérieure, si on avait*
*abdiqué?*

*Non, il n'y avait probablement pas d'autre choix*
*possible. Il fallait obéir à cet élan de mouvance*
*et d'avancée, il fallait surtout en accepter tous*
*les risques... Il nous était demandé de consentir*
*d'avance à ce qui arrivait, même si, sur le moment,*
*on n'en comprenait pas le sens. Même si on n'en*
*savait pas l'issue.*

*Quand tout a lâché, quand le sol s'est dérobé*
*sous nos pieds, quand on s'est retrouvés vraiment*
*seuls, sans recours et sans aide, on a été, l'un comme*
*l'autre, confrontés directement à la mort. Elle s'est*
*pointée devant nous, une et inévitable. On l'a re-*
*gardée bien en face et voilà qu'on l'a reconnue.*
*C'était notre propre mort, celle qu'on avait dû déjà*
*rencontrer mille fois en mille ans. Elle, l'ultime*
*métamorphose, elle, l'extrême recommencement. À*
*la fixer comme ça, sans avoir peur, on a réalisé*
*qu'elle faisait partie de nous et qu'on l'avait depuis*
*longtemps apprivoisée.*

*Il neige toujours... Le blanc douillet se cale sur*
*les rebords des fenêtres, comme une grosse couette*

*vivante, il s'accumule rapidement dans la rue et sur les clôtures en face. Une ambulance traverse à toute vitesse le carrefour glissant, puis s'éloigne...*

*Je porte au fond de moi le goût du paradis. C'est comme ça. C'est arrivé, je ne l'ai pas fait exprès. Cela me fait presque peur à présent. Oui, l'éternité m'attire... C'est une main douce, trop douce pour être vraiment d'ici, une main qui surgit du ciel et qui descend vers moi... Mais est-ce vraiment raisonnable ou même viable de porter en soi la tentation du paradis?*

*Mais... que se passe-t-il? La main vient, elle m'appelle. Et voilà que je lève la mienne vers le ciel pour la rejoindre. Debout sur la pointe des pieds, le corps tendu, j'essaie de monter, de monter là-haut. Il n'y a plus que ça qui existe, je veux atteindre cette main. J'y parviens! Enfin, un point de contact!*

*Brusquement, tout ce qui est autour de moi disparaît... Je pénètre ce qui ne doit pas être pénétré. Je touche à ce qui ne doit jamais être effleuré. Alors s'ouvre l'Immensité du réel et, dans la Lumière réinventée, j'entends, pour la première fois, le silence... Mon souffle s'arrête, je n'existe plus... La transfiguration est totale...*

*Combien de temps s'est-il passé depuis tout à l'heure? Je le vois qui range son cahier, son stylo. La réalité me rattrape, c'est comme si je tombais brusquement sur le sol. Mes yeux sont fatigués, ils brûlent et cela me donne un léger mal de tête...*

*Je l'entends. Il monte me rejoindre. Le voilà. Il sourit toujours comme ça quand il m'aperçoit dans le tournant de l'escalier...*

*Et encore une fois, pour la cent millième fois, mon ventre et mon cœur s'abandonnent dans le vertige que provoque en moi son regard.*

## 11

### *Un amour clés en main*

— Tu pourrais passer chez moi? m'a demandé Claire au téléphone avec un petit air mystérieux.

— Tu veux que je vienne là, maintenant?

— Oui, j'aimerais bien.

J'ai traversé le corridor et j'ai frappé à la porte de l'appartement de Claire, qui est juste en face. Je me suis demandé ce qu'elle mijotait. Sur la table du salon, sur la bibliothèque et même sur le rebord des fenêtres, il y avait des bougies blanches allumées. Ça sentait fort l'encens de bois de santal et les volutes de fumée valsaient avec la musique douce qui jouait en sourdine.

— Qu'est-ce qui se passe? Est-ce que ça va?

— T'inquiète pas, tout va bien! C'est juste que je prépare un rituel et que j'ai besoin de toi comme témoin.

— Un rituel? Mais pour quoi faire?

— Pour trouver l'âme sœur!

— L'âme sœur?

— Oui, j'en ai assez de vivre seule, j'ai décidé de faire ce qu'il faut pour que ça change! Je crois en l'Univers et l'Univers croit en moi, a-t-elle ajouté avec emphase en mettant sa main sur son cœur et en fermant les yeux.

Je n'avais jamais vu Claire se laisser aller à de tels débordements! Elle me fit asseoir puis, sans attendre, elle me tendit une feuille de papier enroulée, joliment attachée sur le dessus par un ruban doré. Tout cela ne lui ressemblait définitivement pas…

— Je suis sûre que tu vas me porter bonheur! déclara-t-elle enfin après avoir émis un long soupir bien sonore à mon intention.

— Qu'est-ce que c'est?

Avec passablement de curiosité, je l'avoue, j'ai déroulé le parchemin. Claire y avait écrit un message à la main (et non pas à l'ordinateur, ce qui était déjà en soi tout un événement). C'était un bien curieux message, en effet, agrémenté d'enluminures de couleur qu'elle avait dû dessiner elle-même. Décidément, j'allais de surprise en surprise.

— Tu veux bien lire à haute voix? m'a-t-elle demandé.

— Euh… si tu veux!

Claire s'amusait visiblement de mon étonnement. J'ai donc commencé ma lecture.

«Je demande à l'Univers de rencontrer rapidement l'homme de ma vie, mon âme sœur, tel que je le désire en mon cœur.

«Cet homme entre trente-huit et cinquante ans sera très intelligent, drôle, gentil, honnête, propre ainsi qu'agréable en société.

«Je voudrais qu'il soit beau (autant que possible) et sexy. J'apprécierais qu'il soit plus grand que moi, d'un caractère doux, mais sans pour autant être trop effacé.

« Je désire qu'il soit actif et respecté dans sa profession, qu'il soit *très* indépendant financièrement et capable d'accepter sans se plaindre mes horaires de travail.

« Je l'aimerais mince, en parfaite santé et libre également de toute autre attache affective. Je voudrais qu'il aime les enfants, les chiens (même les gros) et la plongée sous-marine. J'apprécierais qu'il soit bon cuisinier, habile bricoleur, aimant comme moi les voyages, les repas fins au restaurant, le cinéma, le yoga et la danse africaine.

« Je le voudrais discret, fidèle et, bien sûr, très généreux.

« Je demande enfin qu'il sache me comprendre et m'aimer comme je désire être aimée et qu'on puisse facilement échanger nos idées sur le monde et sur la vie.

« Tout est possible, l'Univers est abondance... »

Suivaient l'heure et la date de la demande, la signature de Claire et un espace en pointillé pour que j'y appose la mienne.

Je trouvais la situation plutôt amusante. Encore un peu et j'allais faire une plaisanterie sur la... courte liste. Heureusement que je n'ai rien dit ! En effet, Claire me regardait intensément et j'ai réalisé tout d'un coup que non seulement elle ne blaguait pas mais qu'elle prenait ça vraiment très à cœur.

On aurait dit que la musique et la pénombre nous transportaient dans un monde un peu flou, un peu irréel...

141

— Je dois lire cette invocation à heure fixe, tous les soirs, pendant neuf jours d'affilée et, après, enfouir le parchemin dans la terre. Mais, bon, comme c'est gelé dur dehors, je vais plutôt le mettre dans le pot de ma fougère, je crois que ça va faire pareil. En moins de trois mois, apparemment, ça devrait débloquer et je devrais rencontrer l'homme de ma vie. Oh! ça va marcher, je le sens!

Ces derniers temps, Claire a lu beaucoup de livres sur la pensée positive, elle a dû s'inspirer de l'un d'eux pour préparer sa commande à l'Univers pour l'obtention rapide d'un compagnon de route.

Vous savez, Claire ressemble exactement à l'image qu'on pourrait se faire dans l'idéal d'une femme de carrière. Elle est libre, drôle, indépendante et tout semble lui réussir. Elle dirige une agence de publicité très branchée qui compte déjà une dizaine d'employés. Elle est efficace, bien organisée, elle sait ce qu'elle veut et parvient normalement à mener ses projets à terme.

Pourtant…

Pourtant, moi qui la connais bien, je sais que, malgré les apparences, elle se sent très seule et souvent mal dans sa peau. Elle m'a avoué un jour (après quatre vodka orange) qu'elle avait l'impression d'être passée à côté de sa vie.

— Je te souhaite qu'il arrive bientôt, ton amoureux! Je te le souhaite de tout mon cœur! lui ai-je dit avec enthousiasme en signant le parchemin et en le lui rendant.

Ce soir-là, elle m'a parlé longuement de son désir pressant d'avoir un homme auprès d'elle. Elle pensait réellement qu'un conjoint pourrait la guérir rapidement et radicalement de sa solitude, des blessures de son enfance et de son actuel mal de vivre.

Mais comme elle l'exigeait parfait et performant, ce conjoint potentiel! Était-il possible pour un seul homme de réunir en même temps toutes les qualités voulues et de posséder également des dons de thérapeute pour la soigner?

Rencontrer quelqu'un comme ça, dans les quatre-vingt-dix jours, me semblait tenir du miracle! Mais pourquoi pas, après tout? Claire n'en démordait pas, de toute façon. L'Univers lui obéirait! Elle avait besoin d'une âme sœur et elle l'aurait! Clés en main et avec livret d'instructions!

Je lui ai fait remarquer en riant qu'il n'était peut-être pas très... rationnel de sa part de s'attendre à la venue d'un homme qui tenait assurément plus du... *virtuel* que du réel. Mais ma réflexion ne l'a pas ébranlée. Sa commande était passée, il n'y avait qu'à attendre la suite des événements.

Je suis rentrée tard à l'appartement. Il était plus de minuit. Lui, *il* regardait distraitement la télé en zappant de poste en poste.

— Tu n'es pas encore couché?

— Je t'attendais... Tu veux une infusion?

*Il* s'est levé et je l'ai suivi à la cuisine. Je *le* regardais mettre l'eau à bouillir et le tilleul dans la tisanière, je *le* regardais aller et venir dans son long peignoir vert assorti à ses yeux et je *le* trouvais beau. Peut-être qu'*il* n'aurait pas répondu parfaitement aux critères de sélection de Claire, mais Dieu que je *le* trouvais séduisant! La tisane préparée, on s'est assis tous les deux à la petite table. Une question tournait dans ma tête.

— Dis-moi, je suis bien ton âme sœur, n'est-ce pas?

— Non... Je ne le pense pas, m'a-t-*il* répondu avec sa voix douce.

J'étais fatiguée, j'aurais juste voulu qu'*il* me dise oui... Sa réponse négative me fit venir les larmes aux yeux. Quoi! je n'étais pas son âme sœur, moi? Qu'est-ce que j'étais alors? Je croyais que j'étais importante pour lui, je croyais même être la plus importante. Je ne comprenais pas...

— Mais... Pourquoi dis-tu ça?

*Il* était devenu très grave tout à coup malgré son sourire... Comme s'*il* avait attendu cette question de moi depuis longtemps. Comme s'*il* y avait déjà beaucoup réfléchi et qu'*il* tenait vraiment à partager avec moi sa réflexion.

— Je pense que ce qu'on a l'habitude d'appeler une âme sœur, c'est plutôt une âme compagne, quelqu'un avec qui l'on revient sur terre régulièrement pour vivre, apprendre ou réaliser quelque chose de particulier ou juste parce qu'on a ensemble des affinités très profondes... Tu sais, on rencontre assez facilement son âme compagne, mais une véritable âme sœur, je crois que c'est bien différent...

— Explique-moi.

Il y a eu un grand silence... Je *le* sentais chercher des mots justes. *Il* ne voulait pas me faire de la peine ou me décevoir, je le voyais bien... *Il* prit quelques longues inspirations avant de continuer.

— Tu sais, l'âme sœur, la véritable âme sœur, je crois que c'est… l'autre partie de nous-même. Et cette autre partie de nous vit, à cet instant même, une autre existence, quelque part ailleurs, sans qu'on en prenne conscience, dans un corps d'une polarité opposée à la nôtre.

— Comment peux-tu être si sûr que ce n'est pas moi? lançai-je un peu brusquement.

*Il* me prit la main et je me détendis un peu sous la caresse de ses doigts.

— Je ne pense pas que tu sois une autre partie de moi ou que je sois l'autre moitié de toi… Sinon, on ne serait pas là à vivre ensemble tous les deux.

— Comment ça?

— On n'existerait plus! Enfin, plus de cette façon. Au premier contact, on se serait fusionnés et… consumés dans une sorte d'extase absolue. C'est ce qui se passe, je crois, quand un être se réunifie enfin avec lui-même.

— Tu veux dire qu'on serait morts désintégrés à la seconde où l'on se serait rencontrés pour la première fois, c'est ça?

— Oui… Enfin, je pense que ça se serait passé ainsi. Personne ne nous en a jamais fait la démonstration scientifique…

— Et à quoi penses-tu qu'on ressemblerait à présent si nous étions de vraies âmes sœurs?

— Nous serions peut-être de… grandes flammes vivantes! En tout cas, on ne vivrait certainement plus ici. On serait peut-être en train de recommencer ensemble autre chose, dans un autre temps… On expérimenterait un autre type d'existence… ailleurs.

— Tu veux dire qu'on serait tellement ensemble qu'on serait confondus? Tu te serais fusionné à toi-même qui est moi et moi, je me serais fusionnée à moi-même qui est toi! Difficile de faire l'amour dans de telles conditions!

À travers le filtre blanc de la grande fenêtre toute givrée, on devinait la ville illuminée. La ville avec ses millions de vies humaines, avec ses histoires d'amour toutes différentes, toutes uniques... Je caressais sa belle main et je me disais qu'après tout c'était drôlement bien de pouvoir *le* toucher comme ça et que la vie d'ici, malgré ses difficultés de toutes sortes, avait de bien merveilleux avantages! Je préférais pour l'instant l'avoir devant moi que... fondu à l'intérieur de moi!

Je me suis levée, je me suis rapprochée de *lui* et j'ai posé sa tête sur ma poitrine. Mes bras l'enserraient comme si j'avais soudain peur de *le* perdre dans ce dédale de concepts si nouveaux pour moi.

— Mais qui sommes-nous donc l'un pour l'autre pour nous aimer comme ça, si fort?

— Des amoureux!... Des âmes infiniment chères, infiniment proches...

— C'est tout? Nous sommes seulement ça, l'un pour l'autre?

Avant de me répondre, *il* m'a regardée longuement. Avec ce regard pur et désarmé qui m'a tant bouleversée au début de notre histoire et qui me bouleverse encore à chaque fois...

— Oh! tu dois bien t'en douter à présent... Il y a quelque chose d'autre, bien sûr, une réalité qui existe entre les âmes sœurs et les âmes compagnes.

Mais, vois-tu, si peu de gens le savent! Il y a les âmes... amantes.

— Les âmes amantes?

— Oui, ce sont celles, vois-tu, qui se sont mariées d'amour dans d'autres espaces, à force de regarder dans la même direction, à force de toujours être revenues sur le même chemin, à force peut-être aussi d'avoir rêvé du même éveil... et surtout, de s'être promis de l'incarner ensemble.

Je me faisais bercer par le son de sa voix. C'était peut-être ça, l'Éternité? Oui, certainement, c'était ça! Je me régalais d'Éternité et c'était bon...

— Les âmes amantes s'aiment pour toujours, n'est-ce pas? *lui* ai-je encore demandé à l'oreille.

— Bien sûr.

— Même après le temps d'ici et même après le temps d'après?

— On se retrouvera partout, toi et moi.

— En es-tu absolument certain?

— Je ne peux plus concevoir un monde où tu ne sois pas, ajouta-t-*il*.

— Et si, dans ma prochaine vie, je me réincarnais... en ta mère? Tu voudrais devenir mon fils?

— Oh non! Non, pas ma mère! Ça me donnerait du coup des penchants incestueux! Je te promets bien que je l'exigerai d'office si je dois revenir ici!

Je me suis endormie rassurée, blottie dans son dos. *Il* sentait le baume tigre avec lequel je venais de frotter son épaule droite qui *lui* fait toujours mal. Et *lui*, avant que j'aille au lit, m'avait appliqué quelques gouttes de gel contre la sécheresse des yeux, et ce gel transparent figeait de grosses larmes épaisses au coin de mes paupières. Oh ! comme nous étions bien humains, bien imparfaits, bien normaux, nous deux, et comme cela me faisait plaisir tout d'un coup !

Vous savez, je me surprends parfois à trouver moins pénible le fait que nous ne soyons plus très jeunes, lui et moi. Je crois même que je suis en train de perdre petit à petit mon ancienne peur de vieillir, juste parce que je peux l'imaginer dans dix ou vingt ans marchant encore à mes côtés. Ses dernières paroles pour moi, ce soir-là, avant de sombrer dans le sommeil, avaient été : «Tu es la plus belle femme du monde !» Ces mots-là, avec… j'allais dire… la vénération qu'ils contenaient, ont flotté longtemps dans l'air comme des bouquets brillants.

Cela me fait tellement de bien chaque fois de l'entendre dire avec autant de conviction que je suis pour *lui* la plus belle ! Cette fois-là encore, j'y avais cru un peu et alors toutes mes cellules ravies s'étaient mises immédiatement en action au-dedans de moi et avaient commencé leur travail d'embellissement pour le lendemain…

Oh ! je sais bien que je n'étais pas plus jolie qu'il fallait, en cette nuit d'hiver. J'étais particulièrement fatiguée et j'avais du travail par-dessus la tête. Avec mes grands cernes, mes cheveux trop secs et mon teint à faire peur, je me sentais si petite, si fragile… J'aurais été loin de répondre aux critères d'excellence d'un chercheur dénicheur de compagnes d'élite ! Mais *lui* me trouvait belle, *il* me le disait et c'était bien suffisant pour mettre mon corps et mon cœur en fête. Si chacun de nous pouvait être, pour un autre être humain, même pour un seul, le plus extraordinaire, le plus beau ou le plus merveilleux du monde entier, il me semble qu'il se formerait comme… comme un voile de tendresse et de douceur pour réchauffer cet univers blessé. Peut-être que ce ne serait pas plus compliqué que ça et que quelque chose alors se modifierait en profondeur…

— Tu m'aimerais quand même si j'étais laide, grosse, vieille et couverte de pustules? *lui* ai-je demandé un jour.

Je n'ai pas échappé à la règle. Quelle femme, en effet, n'a jamais posé, à un moment donné de sa vie, cette question idiote à son amoureux?

— Tu ne seras jamais ni laide, ni repoussante, ni couverte de pustules! a répondu le mien en riant. Tu seras toujours la plus belle femme qui puisse exister.

D'où tient-*il* cette connaissance profonde de l'âme féminine? Comment peut-*il* me saisir et m'accepter à ce point dans les recoins les plus… stupides de ma personne? Beaucoup d'hommes ne savent pas comment réagir à ce genre de question piège que posent parfois les femmes. Alors, ils ne répondent pas, ou bien ils se moquent ou ils se choquent. Et nous savons tous par expérience qu'elles tournent souvent mal, ces petites conversations qui semblent n'être au départ qu'un jeu innocent. Elles sont souvent à l'origine de gros malentendus et de bien des querelles.

J'avais, à ce moment-là, tout simplement besoin d'être rassurée. Cela, on dirait que *lui*, *il* le comprend

d'instinct et qu'*il* sait trouver les mots pour répondre… Avec douceur et indulgence! Nous, les
femmes, on doute à peu près toutes de nous-mêmes.
On se voit trop grosses ou trop maigres ou trop
grandes ou trop courtes. On se focalise sans arrêt sur
nos imperfections, sur nos rides, nos plis, nos
bosses… Rien n'est à notre épreuve! On se compare,
avec une sorte de délectation un peu malsaine, avec
l'image virtuelle d'un corps de mannequin idéal.
Celui-ci finit par constituer notre unique et absolu
critère de beauté. Mais notre corps à nous en souffre
d'être ainsi comparé, soupesé et jugé! Il en souffre
beaucoup…

Si seulement, de temps en temps et sans attendre
les autres, on se le disait à soi-même qu'on est «un
merveilleux être humain»! Il me semble que ça ferait
du bien… On se donne tellement de mal pour apprendre à vivre! Et la plupart d'entre nous, bien que
nous soyons plutôt loin de la perfection, essayons
vraiment, au jour le jour, de faire pour le mieux et…
du mieux possible!

Je repense à la liste de Claire, si semblable
à celle, plus ou moins consciente, de millions
d'hommes ou de femmes apparemment sensés qui
magasinent, eux aussi, pour trouver une future
compagne ou un hypothétique compagnon de vie.
Des listes écrites ou rêvées, électroniques ou for-
mulées. Des commandes si souvent invraisemblables
et irréalistes qu'elles sont carrément un gage de non-
recevoir… Car un robot parfait, sans faille et sans
surprises, exactement programmé pour nous plaire
et totalement voué à notre service, agissant et

réagissant toujours dans le sens qu'on voudrait, est-ce que cela peut concrètement exister? Pouvons-nous réellement en vouloir au... destin et l'accuser de non-assistance si nous n'en rencontrons pas un, demain matin, au premier coin de rue ou dans un bar, pendant la soirée, au moment précis où l'on va traverser le petit corridor qui mène aux toilettes?

Peut-être sommes-nous en train de devenir, et plus rapidement qu'on ne le pense, une société déprimante de femmes et d'hommes isolés, une société de vieux et même de jeunes, frileux et solitaires, qui se recroquevillent tristement sur eux-mêmes par peur d'être déçus ou blessés?

Pourtant, tant de gens n'en peuvent plus de rester seuls. On n'a qu'à regarder autour de soi pour s'apercevoir qu'ils sont vraiment nombreux, ceux qui rêvent de partager enfin leur vie avec quelqu'un! Mais quand on présélectionne d'entrée de jeu la perfection, quand on exige la performance de l'autre avant même de se changer soi-même et de s'engager, il semble inévitable que l'isolement se prolonge!

Je crois que nous avons tous peur. Peur de l'autre, peur d'une intrusion trop directe dans notre vie, peur de la place que l'autre pourrait prendre si on le laissait entrer plus avant. Et s'il n'était pas parfaitement conforme à ce qu'on attend de lui, que se passerait-il? Et s'il nous... dérangeait?

Elle est terrible, la peur... La peur de la vie, la peur de l'autre, la peur de perdre, la peur de se tromper... C'est elle qui bloque et qui casse les mouvements de joie, d'enthousiasme et d'amour que nous aurions peut-être envie de faire. Sans doute sommes-nous finalement demeurés de grands adolescents, espérant encore rencontrer dans la vraie vie l'un de ces superamoureux fabriqués de toutes pièces par le cinéma?

Mais ça n'existe pas, des hommes et des femmes infiniment parfaits! Et heureusement! La réalité de l'humanité en devenir est bien plus belle, bien plus passionnante, que la perfection figée!

Alors, parfois, je me demande...

Comment pourrons-nous trouver assez d'espace vide en nous pour découvrir la vraie beauté de l'Infinitude? Je veux dire... Serons-nous capables de voir la grandeur d'une faiblesse humaine quand elle se révélera tendresse entre nos bras?...

Comment expliquer cela?... Les mots ne libèrent pas toujours leur part de secret...

* * *

*Je voudrais dire la beauté pure qu'on découvre dans un être humain quand on se met réellement à l'aimer! Un être humain bien concret, inachevé, touchant d'humanité, émouvant jusqu'au vertige... Cet être-là, et pas un autre, criant de vérité, qui va s'offrir totalement à nous, acceptant de se dévoiler, de s'ouvrir un peu plus à chaque jour, sûr de l'indulgence et de la tendresse du regard qu'on pose sur lui... Oui, absolument sûr de l'amour qu'on lui porte et le recevant avec une absolue confiance...*

*Et voilà qu'on découvre autre chose au fond de lui. Une semence brillante. La présence du divin, probablement, du plus qu'humain, en tout cas. La présence de l'Homme véritable, unique et divinisable* à l'infini. Un être humain, tout en différence parce que si proche de sa vérité indivisible et totale.

Sa vérité dans laquelle on peut plonger sans s'y perdre, encore et encore. Pour enfin découvrir, dans cette fabuleuse aventure, notre propre vérité, notre véritable raison de vivre ainsi que nos origines...

12

## *La punk de la montagne*

Il faisait un temps superbe, presque trop doux pour la saison. Je me promenais avec mon amour sous le bras, heureuse et ravie. Vous savez, c'était une de ces fins de journées de printemps où l'on a envie de sortir après le souper pour regarder pousser les arbres. Le mont Royal, plein de monde, était ivre de sève et rêvait de vert tendre. J'étrennais une veste safran, je me sentais belle. Je marchais comme on danse, je parlais sans arrêt. *Lui, il* m'écoutait attentivement dire n'importe quoi avec ce sourire qui est le sien, plein de tendresse et d'indulgence.

Et tout à coup (et disons que ça a coupé plutôt raide le charme innocent de la promenade), nous sommes tombés sur quatre punks, trois gars et une fille, complètement drogués et crasseux, qui criaient et qui se roulaient dans la terre humide. Ils étaient là, à deux pas de nous, dans le petit fossé qui longe le sentier. Avec leurs corps tatoués et percés un peu partout par des anneaux de métal, ils nous ont donné froid dans le dos. J'ai allongé le pas et j'ai instinctivement serré plus fort contre moi le bras de *celui que j'aime.*

La jeune fille du groupe, qui avait l'air d'avoir à peine dix-sept ou dix-huit ans, s'est alors relevée et elle a commencé à nous suivre, puis à nous parler d'une voix rauque et pâteuse. «Vous avez peur de moi, hein? Oh! oui, vous avez peur et je vous dégoûte, dites-le!» Elle me toucha l'épaule à plusieurs reprises et de plus en plus brusquement, comme si elle avait voulu me provoquer, me faire réagir. «T'as peur! T'as peur de moi!» répétait-elle. On aurait dit qu'elle m'en voulait personnellement. J'essayais de m'éloigner d'elle, mais elle nous rejoignait toujours. Je sentais son souffle dans mon cou et son haleine était acide. C'était insupportable, son regard sur moi était comme fou, je ne voulais plus qu'elle me touche, je pressais le pas. Son discours devenait de plus en plus incohérent...

Elle faisait peine à voir avec ses bras nus maculés de boue et ses vêtements noirs déchirés à plusieurs endroits. Son visage était marqué comme celui d'une vieille femme et il lui manquait même quelques dents de devant. Elle me mettait mal à l'aise, je n'arrivais pas à la comprendre. Comment pouvait-on en arriver là?

Elle continua de courir un peu derrière nous, puis elle s'effondra comme une masse dans l'herbe. On s'est retournés tout de suite. S'était-elle blessée en tombant? C'est à ce moment-là que son regard a croisé le mien et qu'il s'est passé quelque chose de bien spécial... Nos âmes se sont comme interpénétrées. Comment le dire mieux? Nous nous sommes aimées, elle et moi, très, très fort. Ce fut instantané et, je crois, réciproque... Puis elle a baissé les yeux et ce fut comme si on avait fermé les rideaux d'un coup sec. Je n'ai pas insisté, je ne pouvais que respecter son retrait.

On l'a vue alors se relever en titubant et rejoindre les autres dans le fossé plein de boue. On les a entendus rire, puis ils se sont mis à plat ventre tous les quatre en imitant le rugissement des lions et le couinement des cochons. Le soleil rougissait et disparaissait vite derrière les arbres; il s'est levé un petit vent froid qui me fit frissonner. Eux, je ne voulais plus les voir, je voulais qu'on s'éloigne. Le plus rapidement possible.

Je me suis sentie mal de me sauver comme ça mais, de toute façon, comment aurions-nous pu l'aider, cette fille? Elle était dans un tel état de délabrement. Peut-être aurais-je dû avertir les policiers?... Mais pourquoi? Ils l'auraient conduite à l'hôpital... puis certainement relâchée quelques heures plus tard et remise à la rue. Alors, nous avons continué la promenade, pas très longtemps car le cœur n'y était plus.

Cette nuit-là, je suis restée éveillée pendant des heures, je n'arrêtais pas de penser à la jeune fille. Ne nous étions-nous pas donné trop facilement bonne conscience? N'aurions-nous pas pu lui proposer un vrai coup de main?... Son petit visage triste et ravagé me revenait en tête. Toujours et avec insistance. Qu'est-ce qu'elle faisait, elle, pendant que moi j'étais bien au chaud dans mon lit?

J'ai quand même fini par m'assoupir...

*C'est étrange, il se passe quelque chose qui m'échappe, me voilà devenue cette punk rencontrée* tout à l'heure. C'est moi ! Je n'en reviens pas. Est-ce que je rêve ou quoi ? C'est moi, je vous dis que c'est moi ! Je peux voir mes bras, je les soulève devant mes yeux. Ils sont maigres et mon doigt sale suit le chemin des veines éclatées. Incroyable ! Comment suis-je entrée dans son corps ? Je suis... elle !

Il fait trop noir, j'ai du mal à avancer. La nuit est un aquarium gluant, je suffoque. Ça sent l'urine à plein nez, ici.

Je vois les lumières de la ville à travers les murs défoncés de ce gros entrepôt en ruine J'ai mal au cœur. Tout tourne et moi aussi. Je veux vomir, mais je n'y arrive pas. Je suis pourrie, pourrie jusqu'au fond de moi. Je sens mauvais ! Je sens mauvais et mon ventre est une poubelle qui déborde... Tous mes gestes sont au ralenti. Je déteste les gars qui sont avec moi... Ils m'attrapent par la jambe ! Je ne les avais pas vus, ils étaient couchés par terre et je tombe sur eux de tout mon long. Ils veulent me prendre, ils me plaquent sur le plancher. Leurs genoux et leurs bras forcent et ouvrent mes jambes. Je ne peux plus bouger. Oh, non ! ils ne m'auront pas ! La rage m'envahit. Une vague de ténèbres monte de moi. Je vais les tuer ! Je vais les tuer tous !

Je mords un poignet, je ne sais pas à qui il appartient. Je m'en fous ! D'ailleurs, ce n'est pas la première fois que je fais ça, c'est ma méthode. Ils vont payer !

Je mords de plus en plus fort. Mes dents entrent profondément dans la peau, les tendons, les petits muscles. C'est dur et salé, mais la chair cède, la chair éclate. Elle finit toujours par éclater quand je *veux. J'ai du sang dans la bouche. Oui, je suis pourrie. Je suis maudite et l'enfer est ma maison et je crache du sang parce que les poignets des garçons qui hurlent et me tabassent sont pleins de sang chaud.*

*Je me dégage, je me sauve. Mais eux, ils veulent se venger, ils sont enragés à présent. Je n'arrive pas à courir, c'est trop mou, je m'enfonce. L'air est épais, visqueux comme de l'huile à moteur. Tout bouge devant moi, les murs bougent. Il faut que je sorte d'ici, ils vont m'attraper! Où est la sortie?*

*Non! Non! Ce n'est pas vrai! Un des trois gars s'était caché là, derrière la porte! Il a plein de sang sur sa manche. Les deux autres s'approchent tranquillement et attendent de voir ce qui va se passer.*

*Celui que je viens de mordre s'avance vers moi! Il rit fort. Je crois que c'est Satan! Il tient un... rat par la queue! Voilà maintenant qu'il le balance de gauche à droite, juste devant mon visage! L'animal se tortille, proteste, j'entends ses petits cris pointus. Non! Pas ça! Non! Il le met sur mon bras! Je secoue et secoue mon bras mais le rat ne tombe pas! Va-t'en! Va-t'en! Je hurle! Rien ne peut être plus terrifiant que ce rat vivant qui s'agrippe à moi. Je suis au bout de l'enfer! Je meurs de terreur. J'ai du sang dans ma bouche, beaucoup de sang...*

Je me suis réveillée à ce moment-là. J'étais assise droite dans mon lit, mon cœur s'affolait dans ma poitrine et mes mains tremblaient en agrippant convulsivement ma gorge. J'étouffais encore sous la terreur de la jeune fille dans cette usine désaffectée que les punks avaient dû squatter pour la nuit. Mon

Dieu! étais-je réellement en train de mourir à travers elle?

Comment respirer? J'avais dans ma bouche le goût salé du sang et, sur mon bras droit, je sentais toujours comme des petites griffes qui me brûlaient. Oh non! impossible que ce ne soit qu'un rêve! Rien n'était plus tangible et plus concret que cette réalité dans laquelle j'avais pénétré. Je pleurais par secousses, hantée par les images d'épouvante qui continuaient à défiler en séquence dans ma tête. Je frottais mes bras de haut en bas et de bas en haut pour essayer d'effacer sur ma peau toute trace du ventre chaud du petit animal. Je suffoquais.

Les gros chiffres rouges de mon réveil marquaient trois heures quatorze du matin. Oh oui! je revenais de loin!… D'une autre rue, d'un autre quartier où j'avais emprunté pour un temps une autre conscience…

Lui, *il* a allumé la lampe de chevet. *Il* m'a serrée contre *lui*, je sentais sa force douce pénétrer mon corps. J'ai repris peu à peu possession de ma vie, de ma propre réalité.

Il venait décidément de se passer quelque chose de bien particulier et cela n'avait rien d'un rêve ni d'un cauchemar. Pendant quelques minutes, j'avais *vraiment* partagé le corps de cette punk! J'avais ressenti très concrètement sa souffrance, j'avais plongé dans son obscurité, j'avais vécu sa violence, sa rage et sa peur. Je l'avais suivie si loin que j'avais basculé dans son gouffre.

Mais comment avais-je pu pénétrer, comme ça, au cœur de son histoire? Quel itinéraire avais-je suivi pour me rendre jusque-là? Il était évident que j'étais entrée, et de plain-pied, dans son monde à elle. Mais comment avais-je réussi à faire ça? M'y avait-elle inconsciemment… conviée?

Peut-être son extrême désespoir avait-il créé une brèche dans l'espace-temps pour me permettre de la rejoindre ainsi? Peut-être avait-elle absolument besoin que quelqu'un prenne un instant la relève parce que son corps et son âme n'étaient plus capables de souffrir davantage? Peut-être enfin avais-je accepté, sans m'en rendre compte, d'étreindre sa vie pour en atténuer un peu la douleur?…

Peut-être un tel phénomène vous est-il déjà arrivé à vous aussi et peut-être n'avez-vous jamais osé en parler à quiconque?…

Oui, cette nuit-là, j'ai rencontré intimement cette femme et je l'ai aimée au plus profond de sa détresse. À présent, elle m'habite. C'est à son tour d'être en moi… Son existence est à jamais liée à la mienne. C'est étonnant d'affirmer cela, je m'en rends bien compte, mais cela me semble tellement clair. J'ai pris sa place quelques instants, j'ai endossé sa vie comme on enfile un vêtement. J'ai eu ce privilège. Maintenant, je ne pourrai plus jamais croiser un punk sans… comprendre. Il y a une partie de moi qui *connaît* directement la drogue et la prostitution. Cela ne s'explique sans doute pas rationnellement, mais c'est comme ça!

Les jeunes désespérés de la rue font désormais partie de ma famille. Ils sont ma parenté, une facette de moi que je reconnais et que j'accepte.

Est-ce que ce ne serait pas ça, finalement, la compassion?

Ce qui m'est arrivé n'a tellement rien à voir avec les émotions de surface qu'on peut ressentir au visionnement d'un bon reportage sur les jeunes drogués du centre-ville. L'effet-choc de la télévision ne dure pas très longtemps, on le sait bien. Dès que l'émission est terminée et que le générique défile, on zappe habituellement vers un autre poste et on se dépêche d'attraper une bonne grosse comédie américaine stupide pour se changer les idées. Question d'oublier qu'il se passe des choses intolérables, ailleurs ou juste là, dans la rue d'à côté…

Savez-vous? Ce qui m'est arrivé à ce moment-là, je ne crois pas que je puisse jamais le rayer de mes souvenirs! Ça s'est inscrit en grosses lettres et par superposition dans ma chair vivante. Quand on *connaît* de cette façon, ça reste imprimé pour toujours.

On pense souvent que les gens qui sont en amour regardent le monde à travers une grosse bulle opaque rose et bleue qui les coupe systématiquement de la réalité… On les trouve donc… romantiques! Ce qui veut dire en clair : un peu stupides, gentiment aveugles ou bien… passablement irrationnels! Pourtant, moi qui suis très amoureuse aujourd'hui, j'ai tellement envie de témoigner d'autre chose… C'est tout le contraire d'un engourdissement qu'on ressent quand on aime pour de vrai. On devient bien plus conscient, bien plus concerné par ce qui se passe autour de soi, bien plus impliqué aussi. Je suis bien plus *parmi les autres* depuis que je suis *avec lui*!

Oh oui! l'amour vrai met au monde. Il secoue, il réveille, il dessille les yeux, il débouche les oreilles. Pour le meilleur… et pour le pire! À présent, je ne peux plus faire semblant de rien. Ça crève mes yeux que c'est moi, cette planète en péril!

La séparation s'amenuise entre *eux*, les autres, et moi. J'ai de plus en plus l'impression que ce que nous expérimentons comme étant des existences séparées ne représente que des épisodes différents de la grande histoire humaine à laquelle nous participons tous activement.

Peut-être réaliserons-nous un jour que certains événements de notre vie pourraient être facilement proposés à la connaissance d'un autre être humain afin d'accélérer son développement? Qui sait? Peut-être pourra-t-on éventuellement cumuler ou modifier à l'infini nos expériences et même les expériences des autres pour évoluer plus rapidement? Ne serait-il pas concevable que l'on puisse puiser à volonté dans le vaste réservoir des vies humaines afin d'éprouver d'autres sentiments, pour tenter d'autres aventures, pour s'exposer à d'autres difficultés ou tout simplement pour goûter à d'autres plaisirs? Ne pourrions-nous pas, grâce à cette possibilité, multiplier considérablement notre potentiel d'expériences au sein même d'une seule et même vie? Ce genre de… raccourci nous permettrait de passer tellement plus rapidement à… *autre chose*!

Et pourquoi pas, après tout? Imaginer une nouvelle capacité de l'esprit humain, n'est-ce pas aussi la rendre possible? Il est bien certain que rien n'existe qui n'ait d'abord été imaginé ou rêvé par quelqu'un…

«*If you can dream it, you can do it!*» peut-on lire à l'entrée du pavillon de l'Imagination à

Disneyworld. Cette phrase m'a toujours fascinée. Oh oui! j'adore penser que nous sommes capables de créer de nouvelles routes pour nous sortir de l'impasse dans laquelle nous sommes stationnés depuis trop longtemps. Il s'agit juste d'oser les rêver, ces chemins de libération!

Cette étonnante rencontre nocturne que j'ai faite avec la petite punk de la montagne est certainement une occasion qui m'est donnée de penser l'univers autrement. En effet, serait-il absolument essentiel de tout vivre personnellement, si on pouvait — par un moyen que j'ignore encore pour l'instant — puiser consciemment dans l'expérience vivante de quelqu'un d'autre? On pourrait ainsi la faire sienne, la comprendre, l'intégrer pour finalement la transcender, la dépasser.

Je ne sais pas si c'est envisageable, mais pourquoi pas, après tout? L'expérience de la compassion, qui est certainement une des plus belles manifestations de l'amour, nous ferait faire des bonds dans le temps. Elle nous ferait peut-être gagner des vies complètes de souffrance. Elle nous permettrait aussi d'accéder plus rapidement à un rythme supérieur de croissance.

Je ne la rencontrerai probablement plus jamais, cette fille que la vie a si cruellement malmenée, mais pourtant je la revois partout. Dans tous ces petits corps percés d'aiguilles ou d'anneaux de métal assis par terre à la sortie des pharmacies ou des magasins, dans chacune des mains qui se tendent vers moi en quête d'un peu d'argent. Dans les yeux fuyants, parfois hostiles ou désespérés des *squidgies* qui se précipitent pour laver le pare-brise de ma voiture. C'est elle, c'est toujours elle, cette fille, qui me demande de la comprendre, de l'aimer. Je ne saurai jamais comment elle s'appelle, mais elle m'a offert un très grand cadeau : celui d'un regard neuf sur un monde que je ne connaissais pas et que je ne pourrai maintenant plus oublier...

Il y a encore tant de gammes d'amour à faire, autant dépasser la ligne du milieu et accepter de vivre à haute dose et sous forte tension ! Nous émergeons tous de l'obscurité, nous sommes en train de nous révéler. Je pense que le temps est venu d'intégrer, de comprendre, de frapper à toutes les portes de la vie.

Moi, j'ai vraiment envie de danser sur de nouvelles musiques. Tant pis si les rythmes m'étonnent ou me font peur. Je ne suis pas venue ici pour stationner béatement dans une petite lumière plus ou moins confortable ! Je sais bien que nul ne change quoi que ce soit avec des mots alignés et que la compassion n'est pas le remède miracle et immédiat à la méchanceté du monde, mais pourquoi ne pas raconter l'amour malgré tout ?

J'en ai assez de voir le monde écrit en minuscules. À présent je veux toucher au soleil avec ma main grande ouverte et tant pis si ça brûle !

## 13

## *Je me marie cet été!*

Ce fut un été torride, avec tellement de soleil qu'il en devint mémorable…

*Voilà, je me marie cet été! Dans quarante-huit jours exactement, je lierai mon existence avec celui que j'aime absolument. Oh! je le connais maintenant de mieux en mieux, cet homme-là, puisque je partage son existence au quotidien depuis déjà presque deux ans. Mais, chose étonnante, on dirait que je ne m'habitue pas réellement à sa présence auprès de moi. C'est sans limites, un être humain, c'est immense et imprévisible et plein de secrets comme un paysage animé qu'on redécouvrirait sans arrêt de jour comme de nuit. J'ai appris à marcher en lui. À pied, doucement, et je l'observe, étonnée et ravie, les yeux grands ouverts pour ne rien perdre de son espace vivant.*

*Il se révèle à moi de plus en plus et cela me fait chaud au cœur. Il se dévoile et se déploie en toute confiance. C'est un arbre géant qui a enfin suffisamment de place pour grandir.*

*«Avec toi, me dit-il parfois, je peux me permettre pour la première fois d'être vraiment moi-même. Tu m'acceptes totalement.»*

*Oui, c'est bien lui que j'ai choisi entre tous et lui aussi m'a préférée. Il m'a préférée à toutes les femmes habitant présentement sur cette planète en ces derniers jours du vingtième siècle! Ça m'impressionne un peu quand j'y pense...*

*La nuit dernière, j'ai fait un rêve surprenant... On m'autorisait à visiter des espaces à perte de vue contenant une infinité de robes de mariée, toutes absolument sublimes. Le Ciel m'avait ouvert toutes grandes les portes de ses garde-robes gigantesques. Ces tenues de mariée étaient à ce point somptueuses et éblouissantes qu'il m'est difficile de les décrire.*

*Elles semblaient avoir été taillées dans l'essence même de l'or et de la lumière. Comment raconter ces tissus qui n'existent sûrement pas sur terre? C'étaient des satins, des tulles, des brocarts, des soies, des dentelles... comment dire?... magnifiés, comme si leurs fibres mêmes avaient été serties de diamants purs et brodées de fils de cristal liquide.*

*Je restais bouche bée, éblouie par la vue de tant de trésors. À l'extrême limite de l'attention, il m'apparut que le glissement doux des robes sur ma peau et que le chatoiement des diadèmes dans mes yeux créaient une musique! Celle-ci me semblait jouée par une infinité de petits grelots au son très aigu. C'était immensément harmonieux et si doux à l'oreille...*

*Tout s'accélère maintenant. Nous allons bientôt poser un geste irrévocable et c'est tant mieux! On va se promettre à jamais l'un à l'autre, c'est ça qui va se passer. Se promettre à jamais l'un à l'autre en toute connaissance de cause, en toute conscience...*

*Oh! je comprends tellement plus le sens profond de cet engagement que lorsque j'avais vingt ans!*

*Le bonheur d'être ensemble nous submerge si totalement ces jours-ci que j'en deviens presque euphorique! Même qu'à certains moments cela me fait presque peur. On a du mal à garder notre sérieux, on s'amuse de tout. On rit pour rien, comme ça, juste parce qu'on est vivants et parce qu'on s'en rend compte. Tout est prétexte à bonheur en cet été béni. Le choix des fleurs pour la réception, les textes de la cérémonie qu'on a voulue celtique, l'envoi des invitations, l'achat des alliances, les rencontres avec le célébrant. Tout.*

*Étrange, cette concentration de nos forces et cette mobilisation de nos talents à tous les deux pour organiser, inventer, créer de toutes pièces ce grand moment de notre mariage... Nous n'avions pourtant pas prévu que cet événement prendrait tant d'importance dans nos vies... Tout se passe comme si ce serment sacré que nous nous apprêtons à faire pouvait avoir un impact bienfaisant sur la famille, les amis et même — pourquoi pas — sur l'humanité en général.*

*Est-ce que je divague? Ce geste qui nous unira pour l'Éternité «devant Dieu et devant les hommes» pourrait-il aider à conclure une alliance plus... globale entre ceux d'ici et ceux d'en haut, un pacte dont chacun pourrait peut-être éventuellement profiter?*

*Nous sommes ivres de bonheur... C'est ça, nous vivons l'ivresse d'amour à dose massive... C'est un drôle d'état! Je ne le connaissais pas avant. Ça doit certainement transparaître sur nous parce que, sans arrêt, les gens nous abordent dans la rue et nous lancent comme ça avec attendrissement : «Salut, les amoureux!» J'aime bien que l'amour soit notre signe distinctif. C'est beau à porter, l'amour! Tant mieux si cela se voit d'emblée sur nous qu'on s'aime à ce point, tant mieux si ça se devine immédiatement même si on ne se tient pas la main, même si quelques mètres nous séparent l'un de l'autre. Oh! il doit sûrement y avoir un lien brillant invisible qui nous relie et que les gens saisissent autrement que par leurs yeux ordinaires!*

*Le soleil s'allume entre les branches pleines de feuilles bruissantes. C'est beau, trop beau! Mon cœur est à ce point gonflé d'amour qu'il n'en pourrait contenir plus. Mais un cœur humain, ça s'étire, ça s'étire et ça s'allonge au soleil de l'après-midi...*

*Il est là. Je regarde sa main, son bras, et mon amour s'y concentre. Je deviens loupe et soleil et brûlure... Sa main, sa texture, sa douceur d'homme, tout en lui m'attendrit ...*

Lui et moi, vous savez, on a eu très vite envie de se marier. En fait, ça s'est imposé tout de suite comme une évidence. On ne l'a pas vraiment décidé un jour, on ne s'est même pas officiellement demandés en mariage. C'est comme si on *savait* d'instinct qu'il en serait ainsi. Il y en a qui hésitent pendant des années avant de se décider à plonger, mais pour nous cela a été simple. On a eu immédiatement la certitude absolue qu'il fallait que ça se fasse et le plus vite possible.

Ce qui est certain, c'est qu'on n'a pas eu peur de s'engager. Un véritable amour, ça ne se vit pas en demi-mesures, ça ne se sirote pas dans un bar à petites gorgées méfiantes ou effarouchées. Ça s'empoigne à bras-le-corps et ça prend de la force dans les bras et dans le cœur, je vous le dis! On m'envie souvent de le vivre, ce grand amour, mais encore a-t-il d'abord fallu que j'y consente. J'en connais beaucoup qui voudraient bien qu'un tel amour leur arrive, mais, ajoutent-ils tout de suite après, il ne faudrait évidemment pas que cela nuise trop à leur travail ni que cela modifie leur rythme de vie!

Faudrait choisir... parce qu'un grand amour, ce n'est pas la vie pépère, ça, je peux vous le dire! Vaut mieux avoir du souffle, et ceux qui préfèrent se coucher de bonne heure tous les soirs dans le même gros pyjama usé vont probablement devoir se contenter d'amours fatigués ou d'aventures ordinaires à la petite semaine.

Je l'avoue, cet été-là, je me suis permis toutes les audaces fleuries dont peut rêver une jeune mariée. Et tant pis pour les cinquante ans que je venais d'avoir en prime trois semaines avant le grand jour! J'ai voulu une vraie robe de mariée de rêve, blanche, longue, avec une traîne et un voile qui touchait jusqu'à terre pour faire un joli chemin de tulle derrière moi. Je me suis mariée en dentelles, en fleurs et en rubans, avec un décolleté qui dévoilait juste ce qu'il fallait de ma poitrine frémissante. Après tout, c'était drôlement important! J'allais me marier pour la *dernière* fois! Il n'y aurait jamais de prise trois!

Cet été-là, nous avons obéi à un désir impérieux de fêter, de célébrer. Il fallait marquer l'événement d'une pierre dorée. Ce 7 août, jour de la pleine lune des Moissons, devait rester gravé à jamais dans la mémoire du Temps.

Pas question évidemment de faire un mariage religieux, cela n'aurait pas vraiment eu de sens pour nous. De toute façon, cela nous aurait été refusé puisque l'Église catholique officielle repousse systématiquement hors de son giron les divorcés. À moins, bien entendu, que ces divorcés ne puissent se procurer l'obligatoire dispense, que l'Église, dans toute sa bonté et sa magnanimité, accepte parfois de vendre, avec sa sainte absolution, à certains futurs mariés. À prix d'or, cela va de soi!

Nous n'avions pas envie non plus de nous presser un samedi matin à la mairie pour nous jurer notre amour éternel, en vingt minutes et pas une de plus (arrivée et sortie du cortège compris), devant un officier de Justice distrait et épuisé par sa trentième lecture en ligne du Code civil. Nous avions envie de vraies musiques et non pas des cent vingt secondes de marche nuptiale qu'on nous accorde de droit quand on a échangé les alliances et qu'on s'est embrassés devant tout le monde à la demande du juge. Ils sont si ridicules, si tristes, ces accords d'orgue pompier, quand ils sont joués sur le lecteur de cassettes fatigué de l'Hôtel de Ville. Et ils deviennent affreux quand le temps alloué à la cérémonie est terminé et que le fonctionnaire en poste pèse brusquement sur «stop»! C'est toute la joie du moment qui est alors soufflée et les cœurs fragiles des mariés s'arrêtent parfois...

Oh! vous savez bien ce que je veux dire... Vous avez peut-être assisté, vous aussi, à ces mariages si souvent bâclés, je dirais… exécutés dans ces édifices municipaux qui ressemblent plus à des tribunaux qu'à des lieux de célébration de l'amour. Mais, quand on veut se marier de nos jours, a-t-on d'autre choix qu'une Église dogmatique officielle ou la mairie?

En feuilletant une revue de mariage pour regarder les robes, comme le font certainement toutes les futures jeunes mariées (et peut-être quelques futures plus vieilles), je suis tombée sur une petite annonce au bas d'une page qui disait à peu près ceci : «Vous voulez vous marier dans votre maison? Sur un bateau ou au sommet d'une montagne? Vous désirez une cérémonie religieuse? Un mariage laïque? Vous préférez un rite celtique ou médiéval? Vous rêvez d'un mariage unique et différent? Je suis habilité par le gouvernement à célébrer votre cérémonie là où vous le désirez et de la façon qui vous conviendra…»

Je n'en croyais pas mes yeux! Existait-il vraiment une troisième possibilité? Allions-nous pouvoir réaliser ce grand rêve de nous marier avec des mots et des gestes qui auraient un vrai sens pour nous? Nous avons pris contact avec ce célébrant membre d'une Église autonome libérale dont je ne me rappelle plus le nom. Mais quelle importance, son appartenance philosophique précise, puisqu'il pouvait officiellement et légalement nous marier à l'endroit qu'on choisirait et comme on le désirait? Célébrer des mariages, c'était la belle mission qu'il s'était choisie. Il disait adorer rencontrer des amoureux et que cela le comblait de joie de préparer avec eux leur grand moment. En nous tendant le canevas de la cérémonie celtique qui nous avait semblé d'emblée la plus proche de ce que nous désirions, il nous a suggéré de réécrire les textes à notre façon, pour que tous les mots qu'on dirait et les gestes qu'on poserait soient absolument réinventés par nous et pour nous. Avec quel amour et quel enthousiasme avons-nous créé ensemble le déroulement de cet instant unique de nos vies!

Nous avons mesuré notre chance d'avoir trouvé à temps cette solution de remplacement au mariage civil. Il y a des moments comme ça qu'on doit absolument rendre magiques parce que toute la suite des choses en dépend. C'est le bonheur qu'on appelle et qu'on installe quand on redonne aux événements importants de notre vie leur vérité et surtout leur beauté essentielle. Il ne faut pas qu'on oublie cela. La beauté est une si belle piste pour le bonheur…

Je la vois grave et lourde de conséquences, cette tendance d'aujourd'hui qui veut qu'on banalise et qu'on ridiculise tout. L'indifférence et la dérision, ça finit par tuer. Sous prétexte de garder le contrôle, on se met à tout standardiser : la vie, l'amour, la mort. C'est comme si plus rien n'avait vraiment d'importance, comme si plus rien n'était sacré. Les rituels anciens se sont évanouis dans la nuit des temps. On a peu à peu oublié le sens de certains gestes essentiels et personne ne pense à les remplacer par de nouveaux rites, de nouvelles solennités qui soient plus proches de nous. On fait tout à la sauvette, sans magie pour le cœur. Tout est bâclé. Plus le temps. Plus de temps pour rien.

Cela commence par nos enfants qu'on met au monde dans des hôpitaux froids et complètement déshumanisés. Un enfant naît. Bon, c'est fait! Au suivant! Vite, faut libérer la chambre! On ne va quand même pas en faire tout un plat, de cette naissance! Des bébés, il nous en naît vingt par jour au département d'obstétrique, et le vôtre, madame, franchement, n'est pas vraiment plus extraordinaire qu'un autre! Comment? Vous n'êtes pas encore retournée à la maison?

Un homme meurt. Bon, c'est enfin fini! Vite, faut libérer la chambre, la nettoyer, la préparer pour un autre. Laissez-nous la place maintenant, vous finirez vos prières à la maison! Écoutez, nous, on ne va quand même pas se mettre à pleurer à chaque fois qu'un petit vieux lève les pattes! On n'est pas des émotifs ici. On nous paye pour travailler! Faut charger le corps sur la civière et le rouler jusque dans le frigo. Il faut ce qu'il faut! Au suivant!

Alors, bien sûr, pour les mariages et les serments d'amour, pourquoi serait-ce différent? On signe les registres, on s'enfile les alliances, on se jure fidélité et assistance mutuelles, puis on profite des cinq minutes qui restent pour prendre des photos. Bon, voilà, ça y est! Vite, on libère le hall de l'Hôtel de Ville car un autre cortège arrive! Le temps, c'est de l'argent. Vous vous féliciterez ailleurs, au restaurant! Au suivant!

Et moi j'ai envie de crier... Et la tendresse et l'amour dans tout ça? Qu'est-ce qu'on est en train de faire de nos vies? Est-ce qu'on serait tous en plein sommeil en même temps? C'est sûr qu'on dort! On dort dur et on ronfle à l'unisson! Et ça fait un bruit de fond terrible qui nous empêche de penser. D'ailleurs, c'est peut-être là le but…

On ne remet plus grand-chose en question. Ni soi-même, ni la société, ni rien du tout. C'est absolument démodé et ridicule de se poser des questions essentielles, je vous préviens! Rêver d'un monde meilleur? Entre nous, vous ne trouvez pas que ça fait un peu kitch? Des rituels pour l'amour? Arrêtez-moi ça tout de suite! Seriez-vous en train de virer ésotérique? Brr… Tout ça sent le Nouvel Âge à plein nez! Bon, que ce soit bien clair entre nous : si vous parlez encore publiquement de ces insignifiances, c'est terminé, moi, je ne vous connais plus!

De toute façon, comment pourrait-on douter de la perspicacité, du discernement, de la profondeur de jugement de cette société qui est la nôtre? Elle est si technologique, si avancée, si moderne, si… civilisée! Elle sait infiniment mieux que nous ce qui nous convient. Nos politiciens, merveilleusement conseillés par de grands «scientifiques», prennent d'excellentes décisions concernant notre présent et notre avenir. Laissons-les faire et donnons-leur toute notre confiance. Après tout, ils sont bien plus intelligents que nous et ils comprennent tellement mieux ce qui se passe dans le monde!

Oui, j'ai envie de crier quand je réalise qu'on subit son existence sans véritable volonté d'y changer quelque chose. On est là, bien assis, bien tassés, tous conformes. Et voilà qu'on devient inexorablement les spectateurs hébétés de sa propre vie. On regarde sagement sa télévision, on remplit son vide intérieur en grignotant par petites poignées grasses de grands bols pleins de chips au vinaigre en même temps que les informations bien prédi-gérées des médias. Faut surtout pas dépasser d'une tête. Ni d'un cœur. Surtout pas d'un cœur! Personne ne nous veut, ni ne nous voudra jamais ni grands, ni immenses, ni absolus. Alors, qu'on ne s'y hasarde pas. Ça risque de mal tourner! C'est comme ça. C'est comme ça.

Mais pourquoi est-ce que j'insiste tant? J'ai de quoi manger, de quoi boire, j'ai une maison, du travail. Mais qu'est-ce que je peux y faire, moi, si on n'a plus le temps d'être humain? Et puis après? À quoi bon s'opposer? S'opposer à qui, à quoi? Qui entendra jamais mes revendications? Même le Ciel est sourd, on dirait. Oh! il se tait drôlement, le Ciel, ces temps-ci! Il se dérobe. Il se terre, lui, le Ciel! Il s'en lave les mains et il nous renvoie directement et sans pitié à nous-mêmes. Et ça pleut sur nous, ça pleut du désespoir à torrents!

Nos scientifiques les plus compétents, la plupart de nos universitaires les plus émérites affirment officiellement et définitivement que nous vivons sur la seule et unique planète habitée de l'Univers. Dès lors, comment pourrions-nous remettre cette vérité en question? La Terre est un savant assemblage de médiocrité, d'insignifiance, d'injustice, de désil-lusion et de fatalité. Évidemment, ce n'est vraiment pas de chance, puisque nous sommes les seuls êtres vivants du cosmos! Mais comment pourrions-nous de nos jours émettre le moindre petit doute à ce sujet?

— Oui, mais dans l'un ou l'autre de ces milliards de milliards de systèmes solaires qui existent et qu'on peut maintenant observer, ne serait-il pas pensable d'imaginer une autre forme de vie intelligente que la nôtre ?

— NON, C'EST NON ! Est-ce assez clair ? Vous n'allez quand même pas croire à l'existence de petits hommes verts ? On vous l'a affirmé et démontré mille fois : nous sommes les seuls êtres vivants de l'Univers. Alors, arrêtez de vous poser des questions ! Nous le savons tout de même mieux que vous !

— Mais…

— Il n'y a pas de «mais».

— Écoutez, ne serait-il pas possible qu'il puisse tout de même y avoir… quelque chose de vivant en nous qui existerait avant notre naissance et qui nous survivrait après la mort, une… âme, peut-être, qui nous connecterait à quelque chose de plus beau, de plus grand… ? Il me semble qu'il y a un élan d'Absolu en moi, un mouvement d'Amour… et que je suis loin d'être seule à…

— Vous êtes vraiment ridicule ou vous le faites exprès ?

\* \* \*

*Samedi, 8 août.*

*Le Ciel a été bon. Hier, il faisait un temps magnifique. Une de ces journées d'été qui n'en finissait plus de chaleur et de lumière. Le soleil oblique de cinq heures de l'après-midi dessinait des auréoles dorées sur nos cheveux et mon voile s'est mis à briller tout en transparence sur ma tête. Nous*

178

étions beaux, tous les deux, dans nos vingt ans retrouvés et nous tenions l'un et l'autre de grands lys blancs puisque cette fleur est royale et que nous avions décidé de l'être, nous aussi. Roi et Reine... Nous nous sommes faits Roi et Reine au royaume de la Tendresse. Nous avions tous les droits, nous avions pris tous les devants et le Ciel a exaucé nos prières et comblé nos vœux. Toute la journée s'est déroulée dans une harmonie absolue. J'ignore pourquoi le Ciel nous a écoutés à ce point, mais il l'a fait.

Mais peut-être qu'après tout c'est nous qui avons tout provoqué et pas vraiment le Ciel. D'autant que j'avais oublié d'accrocher mon chapelet sur la corde à linge vendredi, la veille du grand jour, comme le conseille vivement la tradition quand on veut éviter de se marier sous la pluie ! Mais peut-être fallait-il tout simplement que cette journée soit parfaite...

Oui, ce 7 août a été féerique comme dans les contes les plus beaux qu'on puisse s'inventer ! Parfois, j'avais du mal à respirer tant le bonheur était grand. Comment décrire cette joie-là ? Comment s'évader du carcan rigide des mots et faire chanter les phrases avec les adverbes et les points d'exclamation ? Je voudrais que mes mots se tiennent enlacés pour une première valse, pour une ultime tendresse.

Oh ! cette valse justement que nous avons dansé ensemble ce soir-là et ses yeux à lui qui n'en finissaient pas de me regarder, de m'inventer le paradis, de m'y transporter encore et encore ! Je refais à rebours ces allers retours du ciel à la terre et de la terre jusqu'au ciel. Je revis mes abandons fous dans ses bras. Nous venions de nous promettre à jamais l'un à l'autre et il nous poussait des ailes pour un envol si lointain...

Mon plus grand rêve d'enfant se réalisait : aimer et être aimée absolument. Tant et tant de gammes d'amour pour en arriver à cet instant béni où la symphonie s'amorçait. Étaient-ce les premières notes d'une véritable humanité que j'entendais au loin ? Touchions-nous à quelque terre nouvelle qui n'existerait que par nous ?

La pleine lune des Moissons était ronde et rousse et la nuit s'est achevée qui a fait reculer pour nous toutes les limites du possible. C'est ainsi que, sous le ciel de lit devenu nuptial à force de fleurs et de tulle, nous nous sommes aimés jusqu'à nous dissoudre dans l'éternité.

# 14

## *Mon bel amour, ma différence*

Claire, vous vous souvenez de Claire? Eh bien, ça y est, je vous l'annonce en primeur, elle vient de tomber en amour! Sa neuvaine de quatre-vingt-dix jours à l'Univers a finalement porté ses fruits... Avec juste un peu de retard dans sa concrétisation! Si vous saviez comme Claire s'est fâchée avec le Ciel lorsqu'elle a réalisé que sa longue commande ne se matérialisait pas dans le délai prévu de trois mois! Elle a immédiatement arrêté les quinze minutes de méditation qu'elle faisait deux fois par jour et elle n'a plus fait brûler d'encens dans sa maison. Par simples représailles! Heureusement que le Ciel ne lui en a pas trop tenu rigueur!

Quoi qu'il en soit, Claire ne s'est pas laissé décourager et elle a rapidement essayé autre chose : elle s'est mise à surfer dans Internet. Vous le savez peut-être, c'est le dernier truc à la mode et le moyen apparemment le plus performant pour se trouver un amoureux. De plus, c'est garanti sans douleur et sans perte de temps. On va dénicher l'oiseau rare où qu'il soit sur la planète. *The Sky is the limit!* Claire m'a invitée un dimanche après-midi à l'accompagner dans les plus branchés des sites Internet. Il n'y a pas à dire, il est vraiment étonnant, ce nouvel instrument de recherche! Plus besoin de prendre de risques, l'ordinateur a tout prévu et ne vous achemine que des candidats propres et honnêtes avec lesquels vous avez vraiment des affinités.

Il y a même un site japonais qui propose un petit dispositif électronique sophistiqué que l'on place sur soi comme un bijou et qui se met à sonner quand on rencontre une personne abonnée au réseau et qui est... compatible!

«La terre est grande, me répétait Claire. Il n'y a pas juste dans ce pays qu'il y a des hommes! Bon, je te relis ce que j'ai écrit : *Intelligente, autonome, aimant le cinéma, les voyages, la lecture...*" Tu ne trouves pas que ça fait trop banal?»

Elle s'est amusée dans Internet un bout de temps, cela lui a coûté pas mal d'argent et puis finalement, voilà! Elle l'a rencontré toute seule à la pâtisserie du coin de la rue. Il est beau, il s'appelle Kitoko, il est professeur de danse sociale à temps partiel et disons aussi qu'il a la peau un peu plus... foncée que prévu. Apparemment, il fait l'amour comme un dieu! Cependant, il déteste faire la cuisine et il a horreur des chiens. Mais pour tous les deux, et au premier regard, ça a été le coup de foudre. À présent, croyez-moi, Claire se fiche complètement de ce qu'elle a demandé sur sa liste. Elle l'aime, c'est réciproque et c'est merveilleux comme ça!

Je n'en reviens pas. On dirait qu'elle rajeunit, Claire, depuis que cet homme est entré dans sa vie.

«Ça n'a pas de bon sens cette histoire, dit-elle souvent en riant, mais pourquoi pas, après tout? Tu sais, le nom Kitoko, cela veut dire «beau» en lingala, et le lingala... c'est une langue tellement douce... Et quand il me la murmure à l'oreille, je te jure, je fonds littéralement! Comme de la neige au soleil d'Afrique!»

Elle change, Claire. Elle commence à délaisser ses sempiternels tailleurs gris ou noirs pour des robes sexy et colorées et cela lui va à ravir. Elle retrouve sa féminité, une féminité qu'elle avait sans doute un peu oubliée dans ce monde des affaires où elle avait dû jouer des coudes et se battre pour se tailler une place et surtout pour durer. Elle n'avait pas eu d'autre choix que d'employer, dès le départ, un type d'agressivité un peu «masculine» comme arme et protection contre ses concurrents mâles, et avec les années, c'était devenu son mode de fonctionnement ordinaire. En travaillant de cette façon et sur une longue période, je l'avais vu perdre peu à peu, comme beaucoup, quelque chose de bien important : son identité et sa fierté aussi d'être une femme. Elle s'en rend compte maintenant.

Je sais bien que, pendant des décennies, on a dû se battre, nous les femmes, pour se faire accepter. Nous avons dû opérer sur le terrain des hommes et à leur manière pour essayer de prendre la place qui nous revenait. Ça n'a pas été facile et, même si c'est loin d'être réalisé partout, on ne peut nier avoir fait de grands pas dans ce domaine.

Aujourd'hui, je m'interroge... Ne serions-nous pas allées un peu trop loin dans cette volonté de compétionner avec les hommes en faisant exactement comme eux? N'y aurait-il pas à présent une autre façon de faire, un autre regard à porter? N'y aurait-il pas une véritable façon «féminine» de travailler qui soit tout aussi efficace et qui nous ressemblerait davantage?

Homme, femme... C'est drôle, parfois on dirait qu'on ne s'y retrouve plus, comme s'il y avait de plus en plus de gens, dans la rue et partout, dont on ne sait pas trop, au premier coup d'œil, s'ils sont l'un ou l'autre...

Et le phénomène semble encore plus marqué chez les adolescents. Je me demande parfois à quel sexe ils peuvent bien s'identifier, eux qui sont à la recherche d'eux-mêmes et de leur vérité, quand les héros qu'on leur présente cultivent si savamment le culte de l'ambiguïté. Ni hommes ni femmes, les stars qu'ils aiment ressemblent souvent à de troubles hermaphrodites. Pourtant, ce sont leurs mots que les jeunes chantent, leurs gestes qu'ils imitent, leurs habillements qu'ils copient. Je voudrais bien y voir le signe d'une évolution de l'espèce humaine sur le point d'atteindre la perfection merveilleuse de l'androgynat! Mais, de toute évidence, ce n'est pas ça... Il y a une grave équivoque qui est en train de s'installer et elle menace peut-être bien plus notre survie qu'on ne le croit...

Oh! ce n'est pas facile de parler de ça, je le réalise bien. Qu'est-ce au juste que la féminité? Qu'est-ce que la masculinité? Je ne vais pas me mettre à énumérer ou à définir les critères, les faiblesses ou les forces de l'un ou de l'autre! Je ne veux surtout pas créer d'antagonisme. Je me rends juste compte, comme vous aussi peut-être, que le malaise augmente, du moins en Occident. Il suffit de regarder… D'un côté, les femmes semblent moins tentées d'exprimer leur féminité, comme si cela ne leur importait plus beaucoup et, de l'autre, un nombre grandissant d'hommes ne savent plus vraiment où se situer par rapport à elles. Ils hésitent, balancent, certains se mettent à douter carrément de leur virilité… Comme s'ils ne savaient plus ce que cela veut dire.

Mais non, je ne généralise rien! Il existe encore de vrais hommes et de vraies femmes partout, je le sais bien et j'en connais beaucoup. Mais on remarque tout de même une tendance accrue à l'ambiguïté, une tendance facilement perceptible quand on est le moindrement attentif. C'est comme une… orientation, une couleur de société peut-être, qui est systématiquement accentuée et exploitée par la publicité et les médias.

Peut-être n'est-ce là qu'un détail, mais je me demande souvent pourquoi on a tant de mal, nous les femmes, à trouver dans les magasins un vêtement qui soit vraiment *féminin.* Oh! pas la classique petite robe noire passe-partout, pas ces vêtements étriqués en polyester et aux teintes criardes qui emplissent les vitrines et qu'on croirait destinés à des adolescentes anorexiques, pas les tailleurs stricts des femmes de carrière, copies conformes des habits des hommes d'affaires, pas ces robes sacs fourre-tout informes qui alourdissent la silhouette, pas l'éternel jean et les gros Adidas. Non, autre chose. En fait, rien de compliqué, simplement une jolie robe comme on en a toujours fabriqué… Une robe qui donne envie de bouger et d'exprimer en couleur sa joie d'être vivante et vibrante. Dites-moi, pourquoi est-elle à présent si difficile à dénicher, cette robe féminine ?

Qui décide de la mode ? Qui détermine les critères internationaux de perfection qui s'imposent maintenant à toute la planète en même temps ? Qui choisit enfin ces mannequins affamées, sans formes, pâles et aux yeux mauvais, parcourant rapidement et en tous sens les passerelles des défilés branchés, sans regarder personne et sans sourire ?

Est-ce cela, une femme, une grande agitée sans âme et de mauvaise humeur ? J'ai peur tout d'un coup… Qu'est-ce qui se passe ? Elle ressemble à quoi cette image féminine qu'on propose à présent dans toutes les revues ? Quel homme oserait se frotter à ce genre de femme sans craindre d'y laisser sa peau ?

Il y a trente ans, pour arrondir mes fins de mois, j'ai fait des défilés de mode. C'est incroyable comme tout a changé dans ce domaine en si peu de temps ! Loin de moi l'idée de me mettre à regretter le passé et à vouloir le retrouver, mais tout de même, il me semble que c'était plus simple, plus logique. À ce moment-là, la consigne était de plaire, de charmer, de fasciner. On devait marcher comme on danse, avec légèreté et joie. On devait regarder le public bien en face et en souriant. Non, il n'était pas défendu, à cette époque-là, de montrer qu'on se sentait belle ! C'était seulement… normal d'avoir envie de plaire aux hommes et à soi-même.

Alors, pourquoi est-il si souvent mal vu pour une femme, à présent, d'aimer qu'un homme lui ouvre la porte, qu'il l'invite au restaurant ou qu'il la complimente sur sa nouvelle coiffure? Cela ne fait pas nécessairement et tout de suite d'elle une victime de harcèlement sexuel!

C'est bon, c'est beau d'être une femme! Pourquoi ne pas le clamer fort? Oserai-je vous dire que j'aime mes seins, mes hanches, mes formes arrondies et qu'en plus ça me plaît qu'un homme me trouve séduisante et qu'il me le dise avec de l'admiration dans les yeux? Est-ce si épouvantable? Je suis fière de la féminité de mon corps et de celle de mon âme aussi. Fière de ma sensibilité, de mon audace. Je me donne pourtant et résolument le droit de ne pas tout contrôler ni de tout maîtriser. Et je n'y perds rien pour autant. Il y a une joie délectable à retrouver l'innocence dans les bras d'un homme. C'est la femme qui insuffle la vie et je la sais capable de donner le goût à un homme de s'éprouver lui-même et d'aller plus loin.

«Donne-moi juste un peu de temps», me disait l'autre jour une amie dont les histoires d'amour sont toujours un peu foireuses, en parlant de son nouveau petit ami. «Ce ne sera pas long, tu vas voir que je vais le mettre à ma main!»

Elle ne s'en est pas aperçue sur le coup, mais j'ai fait un bond de dix mètres de côté et en hauteur!... Est-il possible d'entendre de telles énormités sans réagir? Pourquoi certaines femmes ont-elles à ce point peur des hommes qu'elles exigent d'eux qu'ils soient pareils à elles? C'est absurde!

J'aime qu'un homme soit un homme. Je la trouve belle et grande, la force paisible de l'homme quand elle peut s'exprimer sans contrainte. J'admire sa possible maîtrise sur les événements et les objets, son approche des choses qui ne ressemble pas à la mienne mais qui la complète si bien. J'aime la véritable et saine virilité de l'homme, sa manière de réagir, de concrétiser les projets, de faire bouger les choses à sa façon. J'aime vraiment qu'il soit différent de moi.

Il m'arrive souvent de ressentir comme une grande détresse chez les hommes et on dirait que cela va en augmentant. C'est grave, il me semble que nous sommes en train de cultiver subtilement de terribles pensées dans nos têtes à l'égard des hommes et qu'ils en souffrent bien plus qu'on ne le pense.

Savez-vous, il est arrivé quelque chose de vraiment pas très drôle à un de mes amis, il y a un peu plus d'un mois. Je vous le raconte, vous verrez mieux ce que je veux dire. Cet ami n'aime pas beaucoup magasiner, mais comme il est vraiment gentil, il avait, ce samedi-là, accompagné sa femme dans un grand centre commercial. Il l'attendait donc patiemment, sur un banc à l'extérieur d'une boutique, quand une petite fille de quatre ou cinq ans s'est approchée et s'est assise à côté de lui. Ils se sont mis à parler tranquillement, il l'a même prise sur ses genoux à un moment donné pour mieux voir la petite chaîne qu'elle portait à son cou et qu'elle voulait absolument lui montrer.

Cet ami-là adore les enfants, il les attire, on dirait, il a toujours été comme ça, le contact se fait tout de suite. Ils sont donc restés ainsi un bon moment à parler, à rire. Lui pensait que la mère de la petite était dans la même boutique que sa femme, il ne s'est pas posé d'autres questions et un peu de temps s'est écoulé.

Mais voilà que, tout d'un coup, il s'est rendu compte, en levant les yeux, qu'il y avait un attroupement autour d'eux. Au premier rang, celle qui ne pouvait être que la mère de la fillette semblait au bord de la crise de nerfs. Elle était accompagnée de deux gardes de sécurité qui ne plaisantaient pas du tout, tandis qu'une foule de gens curieux tout autour attendaient impatiemment une suite croustillante à l'événement.

Il a soudain réalisé que c'était lui qu'on fixait avec hostilité et qu'un peu plus, on l'embarquait et on le condamnait sans procès comme kidnappeur potentiel et violeur d'enfant. Il a rougi, il s'est mis à trembler comme s'il était coupable de quelque chose, un voile noir s'est abattu sur sa tête, il a eu honte devant tous sans comprendre pourquoi. Ce fut tout. La mère est partie en tirant brusquement sa fillette par le bras, les gardes de sécurité se sont éloignés et les gens, bien déçus qu'il ne se passe rien, se sont dispersés un par un.

Mon ami est resté très marqué par cet incident. Il se promet bien de ne plus jamais se risquer à parler à un enfant dans la rue. Il jure qu'il ne sourira plus à un bébé dans sa poussette par peur des conséquences. Il est blessé par cet événement. Il est amer. Pourtant, c'est un bon gars, un père de famille exemplaire dont les enfants sont maintenant devenus de grands ados. Seulement voilà, quelque chose en lui est brisé.

Mais qu'est-ce qui nous arrive? Où en sommes-nous rendus dans l'absurdité pour qu'il ne soit pratiquement plus possible à un homme d'aborder un enfant dans la rue sans risquer de se faire soupçonner de pédophilie? Je ne dis pas qu'il ne faut pas être prudent ou vigilant. Je sais bien que des choses graves peuvent arriver. Bien sûr, il faut prendre des précautions et ne pas laisser tout le monde faire n'importe quoi. Mais, entre nous, les atrocités commises ici sur nos enfants ne sont quand même pas si quotidiennes. Si elles nous semblent pourtant si… courantes, si fréquentes, c'est qu'elles sont répétées et répétées encore par les médias, et montées en épingle jusqu'à l'écœurement. Facile à comprendre! Chacun sait que ces histoires sordides font grimper en flèche les cotes d'écoute. Et de cela, nous sommes bien complices en tant que consommateurs de télé!

J'ai peur qu'on soit en train d'imprimer dans la tête des tout-petits l'idée fixe que «les hommes» sont tous potentiellement dangereux et sadiques et qu'il ne faut surtout pas s'en approcher. N'est-ce pas pernicieux? Je comprends que beaucoup d'hommes hésitent maintenant à exprimer leur tendresse, comme si elle cachait nécessairement quelque intention peu avouable.

Non, les pères ne sont pas tous des abuseurs d'enfants. Je n'y crois pas. Et je trouve bien étrange que la moitié des femmes qui suivent une thérapie de nos jours découvrent subitement qu'elles ont eu un père incestueux! Je ne dis pas que cela n'existe pas et que ce n'est pas plus fréquent qu'on ne voudrait le croire. Je me demande seulement combien de pères abuseurs ont été «induits» de force par les insistantes suggestions d'un thérapeute manipulateur et sans scrupule. On commence heureusement à remettre en question ces «mémoires construites» et à dénoncer cette tendance, cette mode, d'accuser *systématiquement* le père et d'en faire la cause première de tous ses problèmes.

Peut-être devrait-on s'inquiéter dès maintenant des conséquences à plus long terme de cette vision malsaine du monde (et des hommes en particulier) que nous sommes collectivement en train de proposer aux enfants? Je ne plaide pas pour une crédulité béate, innocente et stupide face à tout le monde qu'on rencontre et il est plus que jamais essentiel de cultiver le véritable discernement.

Mais, au milieu de tout cela, sera-t-il encore possible que les hommes et les femmes puissent se faire confiance? Je parle ici d'une vraie confiance, celle qui devrait normalement découler d'un rapport sain et joyeux avec la vie. Il y a quelque chose de pathétique dans cette méfiance débilitante entre les sexes qui s'érige en système. Parfois, je me demande...

J'y reviens toujours... Et l'amour dans tout ça? Comment peut-il sembler magnifique quand il rime désormais forcément avec M.S.T. et sida? C'est bien cela, n'est-ce pas, qu'on apprend à l'école ou au collège? On parle abondamment de maladies, de précautions et de perversions. On n'enseigne pas l'amour, on n'en donne pas le goût ni le désir, on apprend d'abord à se protéger quand on le fait! Arriverons-nous jamais à nous rejoindre, nous les hommes et les femmes de cette planète, quand, depuis l'enfance, le fossé entre nous n'arrête pas de se creuser? Quel abîme aurons-nous à franchir pour arriver enfin jusqu'à l'autre?

Est-ce qu'on dira clairement un jour que faire l'amour, ce n'est pas seulement un acte sexuel, mais aussi une caresse pour l'âme? Bien sûr, on peut faire l'amour banalement comme on mange un hot-dog, en vitesse, sur le coin d'une table, c'est bien facile et ça n'engage à rien. Mais on peut aussi faire l'amour *avec amour* et là, c'est tellement autre chose...

Je suis convaincue que ce n'est pas si anodin, si insignifiant que ça, de faire l'amour avec quelqu'un. Je suis persuadée que, au-delà des gestes physiques, on partage aussi quelque chose de bien plus profond : ses «couleurs» peut-être. Les couleurs intimes de l'autre se mélangent aux nôtres à ce moment-là, et elles persistent en nous et autour de nous bien plus longtemps que nous ne pourrions le penser. Avec tout ce qu'elles ont de lumineux ou... d'obscur.

Faire toujours et encore l'amour pour rien, comme ça, avec un étranger ou un presque étranger, juste parce que c'est la fin de la soirée et que ça va de soi et que ça a l'air de quoi de refuser, je suis sûre que ça déroute le cœur au bout d'un moment. Le corps s'use rapidement à ce régime sec du sans-amour et il finit par crier de détresse.... Les gestes d'amour bâclés et banalisés laissent des traces visibles sur la chair de notre âme. Comme de vieux cernes de café froid le lendemain de la veille sur la table de nuit.

Je parle de cela parce qu'il m'est arrivé si souvent de rencontrer de ces hommes et de ces femmes blessés, désabusés, déjà usés par ces amours de fin de soirée au goût d'alcool. Cela me touche. Quand il n'y a plus de joie à faire l'amour, quand on en a enlevé toute la dimension sacrée, je pense que cela peut finir par devenir dangereux… On y perd quelque chose de beau en nous, quelque chose qui est vivant.

On voudrait tant aimer! Il y a tant de femmes seules et d'hommes seuls qui s'espèrent! Pourtant, dès qu'on est en couple, bien d'autres problèmes se posent au quotidien. Comment tout concilier? Est-il possible qu'une maman continue à être une amoureuse quand elle travaille également à temps plein? Comment peut-elle rester féminine, justement, et séduisante pour son compagnon, avec cinq brassées de lavage sur le plancher de la salle de bains, avec les lunchs des enfants à préparer pour le lendemain et la pile de dossiers urgents rapportés à la maison? Reste-t-il du temps pour l'amour? On ne va pas quand même mettre les petits plats dans les grands pour présenter du pâté chinois!

Et lui, l'homme qu'on a adoré, où est-il à présent? En train de raconter une troisième histoire à la petite dernière qui n'arrive jamais à s'endormir avant onze heures du soir? Où est-il, cet homme qu'on aimait à la folie il y a si peu de temps encore? Pourquoi reste-t-il accroché à Internet au lieu de venir nous rejoindre au lit comme avant ? Qu'est-ce qui se passe enfin ? On en avait tellement rêvé, de ce bonheur à deux ! Aurions-nous fait fausse route malgré toute notre bonne volonté et notre amour ? On voulait tant que ça marche…

L'amour peut-il survivre dans la vraie vie de tous les jours ?

Je n'ai pas de réponses à donner ni de brillantes solutions à proposer. Je voudrais bien avoir découvert les cinquante-deux formules magiques (une par semaine, pourquoi pas ?) pour trouver et conserver l'amour dans nos vies. J'en ferais un best-seller très lucratif que tout le monde s'arracherait. Et bravo pour moi ! Mais c'est bien évident qu'il n'y a pas de recettes toutes faites pour accéder à l'amour et pour le garder, comme il n'y a pas de méthodes pratiques et faciles pour apprendre à vivre. Si certains s'essaient à nous vendre des techniques et font croire à coup de publicité qu'on peut, en treize, en vingt-cinq ou en trois cent soixante-cinq leçons faciles, accéder au bonheur, libre à nous de céder à ces attrape-nigauds !

Les êtres humains sont si différents les uns des autres. Ce qui est bon pour l'un ne l'est pas nécessairement pour l'autre. C'est à chacun de se découvrir, de s'inventer, de se défricher un chemin à coups d'impasses et de détours. C'est difficile, la vie, et il n'y a pas beaucoup d'exceptions à la règle.

Par contre, ce que je comprends aujourd'hui bien mieux qu'à vingt ans, c'est que l'amour est fluide comme de l'eau et qu'il peut prendre des formes différentes à l'infini…

Rien n'est jamais perdu, même les histoires d'amour incomplètes, même celles qu'on pense avoir ratées, même celles qui nous ont fait mal. Chaque amour qu'on vit, parfois douloureusement, mène à un autre amour. Et cet amour nouveau nous projette nécessairement plus loin. Ça s'apprend, l'amour. Amour après amour.

Peut-être sommes-nous justement ici pour en faire l'apprentissage? Peut-être cela demande-t-il même des milliards de vies pour y arriver?

Mais encore faut-il se connaître et s'aimer soi-même pour être en mesure de connaître quelqu'un d'autre et de l'aimer vraiment. Ça prend beaucoup de temps et je ne crois pas qu'on puisse sauter des étapes. C'est comme ça…

Je trouve pourtant passionnant de penser que plus on se découvre et plus on conquiert cet Everest gigantesque qui est en nous, plus on accède à cette merveilleuse possibilité d'aimer vraiment quelqu'un d'autre.

Une porte inconnue s'ouvre alors, une grande porte en nous qu'on ne soupçonnait même pas. Et c'est justement au moment où l'on s'y attend le moins que l'aventure commence…

# 15

# Terra incognita

C'est parce qu'il n'a pas eu peur du vide que Christophe Colomb a pris la mer un jour et qu'il a ouvert la voie du Nouveau Monde. On disait pourtant à l'époque, et c'était certifié par des scientifiques éminents et absolument distingués, que la Terre était plate comme une assiette, qu'elle flottait dans le néant et qu'au-delà du monde connu c'était l'anéantissement dans l'abîme ! J'imagine que ça lui a pris un certain courage et beaucoup d'audace pour affréter malgré tout ses navires et pour se lancer à corps perdu dans cette aventure où il risquait sa vie et celle de son équipage. Il lui a fallu aller à l'encontre de tout ce qu'il était convenable de penser (on dirait à présent : *politically correct*), passer par-dessus les qu'en dira-t-on, oublier toute prudence, prendre tous les risques.

Les traversées de Christophe Colomb furent longues et difficiles, on le sait. Mais il l'a finalement trouvée, cette *terra incognita* dont il avait tant rêvé depuis l'enfance. Cependant, quand il est revenu chez lui et malgré l'évidence, bien des gens n'ont pas entièrement cru son histoire et ils l'ont passablement tournée en dérision. L'arrogance des *frileux* est extraordinaire, et elle est toujours identique à elle-même, malgré les siècles qui passent. C'est étonnant de constater à quel point les briseurs de rêve ne s'excusent jamais, même quand tout prouve qu'ils se sont mis un doigt dans l'œil jusqu'au coude! Les officiels, les bien-pensants ont toujours raison. Et jamais les explorateurs, du moins rarement de leur vivant.

N'empêche que la Terre serait demeurée plate à jamais si personne n'avait osé avancer suffisamment loin pour s'apercevoir qu'on pouvait en faire le tour, et surtout si personne n'avait eu le courage de revenir au port pour en informer généreusement les sceptiques ou les soi-disant *réalistes* qui, eux, n'avaient pas eu le cran de partir!

Pour ce qui est de l'amour, on dirait que c'est un peu pareil... Nous sommes tellement modérés, tellement prudents et économes de nous-mêmes, que cela devient difficile de s'aventurer dans l'inconnu. Pas beaucoup de Christophe Colomb en vue dans ce domaine!

On veut aimer, ça c'est sûr! On en rêve, on en parle en petit comité, on en discute à la télé, on le demande dans nos prières, MAIS... Mais il faudrait avoir l'assurance, avant de s'y laisser prendre, que cet amour *marchera*. Sinon... inutile de perdre du temps! Il faudrait aussi évidemment avoir la garantie expresse qu'un tel amour ne nous fera jamais souffrir, jamais pleurer, qu'il ne dérangera rien dans nos vies, dans notre carrière ni dans nos activités. Avec cette triple précaution, peut-être que oui, on tenterait l'aventure…

Pourtant l'amour, le Grand Amour, je veux dire, quand il arrive dans notre vie, mieux vaut s'accrocher! Ça dérange tout, ça bouscule, ça prend de la place. Et pas juste un petit peu, beaucoup! Je parle, bien, sûr de ce sentiment absolu qui est différent d'une simple relation amoureuse, bien incapable de provoquer en nous un tel tumulte ou un tel chambardement.

On ne le sait pas assez : cela prend de la volonté et du courage pour vivre un grand amour. Personne ne le dit jamais. Il me semble pourtant urgent que cela se sache, à présent. Les bulles romantiques bleu et rose dans lesquelles les amoureux se cachent pour s'embrasser tranquillement hors du monde, ça n'existe pas! Les contes de fées de notre enfance, ceux-là mêmes qui finissaient par «Ils vécurent heureux et sans histoire jusqu'à la fin de leurs jours», nous ont bien trompés! Les amoureux ont non seulement une histoire, mais celle-ci est incroyablement accélérée et amplifiée.

Les risques à vivre un Grand Amour sont énormes, car *tout* en nous, et par conséquent autour de nous, se met à changer. Le corps, le cœur, l'âme, l'esprit, notre milieu de vie, notre pensée et ce qu'il y a derrière notre pensée, notre environnement, nos amis. Tout y passe! Plus rien ne peut rester pareil. Et cette inévitable métamorphose est dérangeante, souffrante, terrible parfois. Mais c'est ainsi, impossible d'y échapper. Si on ne triche pas, bien entendu! L'amour vrai se montre alors si fort, si global, qu'il peut aller jusqu'à modifier la structure intime de nos cellules. C'est comme si on changeait brusquement de registre ou de disque. Vivre cela est extrêmement déroutant et peut prendre une multitude de formes.

Oui, l'amour fait de nous de magnifiques Christophe Colomb, mais par le même fait, il nous rend vulnérables et en danger! C'est à prendre ou à laisser, on ne peut pas passer à côté. L'amour nous la pose avec insistance, cette question, et il exige que nous y répondions avec ce qu'il y a de plus vrai et de plus profond en nous : accepterions-nous de mourir par amour? Ou tout au moins, laisserions-nous derrière nous et sans regret notre *vieille* peau? Consentirions-nous, par amour, à vivre *autrement*?

Ceux qui envient les amoureux, ceux qui les regardent avec colère parce qu'à eux, ce n'est jamais arrivé, peut-être que ceux-là n'ont pas su prendre *leurs* vrais risques le jour où l'amour s'est présenté à eux pour modifier leur histoire.

Il y a tant de rendez-vous manqués…

Je suis persuadée qu'à chacun de nous des occasions, des portes, se présentent à un moment ou à un autre. Mais si on hésite trop face à elles, si on a trop peur ou si on est trop occupé à autre chose, leurs étroits passages se referment. La lumière aperçue un instant disparaît. Restent l'amertume et le regret. Et surtout tellement de tristesse au fond des yeux…!

On ne peut pourtant pas nager loin sans lâcher le bord de la piscine, sans accepter de ne plus sentir le fond sécurisant sous nos pieds. Faut absolument quitter l'appui et sauter! Sauter vraiment? Pour aller où? Oui, pour aller où?

Je me souviens d'un 10 novembre… Ma nuque et mon épaule me faisaient mal depuis des mois… Une de ces souffrances dont on se demande pourquoi elles viennent nous chercher en plein bonheur, si ce n'est pour nous obliger à plonger en nous, un stylo à la main…

*Encore la nuit… Pourquoi les nuits sont-elles si longues et reviennent-elles si souvent? La nuit, la douleur est terrifiante. La brûlure… Mon cœur se débat dans la brûlure. J'ai mal, j'ai tellement mal… Y a-t-il une issue quelque part, un seuil à franchir pour retrouver ma vie? J'ai mal et cela ne finit jamais. Comme c'est étrange d'aimer et de toucher le fond tout en même temps…*

*Mon amour, mon amour, tu as fini par t'endormir. Tu es épuisé, je le sais bien, après tous ces jours de veille auprès de moi. Ton sommeil est si fragile en ce moment qu'une seule petite plainte de moi te réveillerait. Tu souffres par moi, en moi, avec moi. Et pourtant jamais un moment d'impatience contre moi, ni de révolte. Tu es là jour et nuit, tu veilles et tu m'aimes comme jamais je n'ai été aimée, mais je vois maintenant une telle impuissance dans tes yeux…*

*Tu voudrais tant prendre ma place, tu voudrais tout souffrir toi-même pour me soulager totalement… Mais tu ne peux pas…*

*La nuit ne s'achèvera donc jamais?… Tu dors, je crois, mais laisse-moi te parler tout de même, avec des mots de silence, pour déjouer le mal… Tu entends, n'est-ce pas? Nos âmes sont si proches et elles ont appris depuis si longtemps à s'écouter autrement!…*

*Tu sais, je nous avais crus invulnérables. Je pensais que l'amour venait à bout de tout, qu'il guérissait tout, qu'il était la force suprême et que dans son élan tout devenait facile, puisqu'il prenait toute la place... Mais non, ce n'est pas comme ça que ça se passe.*

*Depuis des mois, jour et nuit, j'ai la douleur comme compagne et j'ignore quand elle me quittera. C'est fou, la douleur! Sans même qu'on s'en aperçoive, elle devient le centre de tout, jusqu'à se faire définition de soi, du monde et des jours qui passent.*

*Dans ma toute petite prison de chair, je suis alors l'humanité à feu et à sang... C'est moi, l'humanité, comprends-tu? En guerre, en douleur et en désespérance. Il n'y a plus de barrières. C'est comme si je comprenais tout. Je suis tous les humains confondus et ils sont moi. Nous sommes tous le même être. Avec tous le même mal de vivre, la même détresse. C'est si fort, si... exact, cette sensation en moi.*

*Qu'est-ce qui m'arrive? Je suis dans ma chambre et pourtant...*

*Des images viennent dans ma tête... Des images qui ne sont pas à moi... Elles me viennent... comme de l'autre bout du monde... Comme c'est étrange! Tout se passe... pour de vrai! Oh! mon amour, je me multiplie...*

*Je vois... de grandes inondations. Il y a des rues qui coulent! Elles coulent à toute vitesse comme des rivières affolées! Je vois une maison qui dévale la pente et puis d'autres maisons encore et puis toutes sortes de choses qui disparaissent dans le courant. Un hélicoptère s'approche. Son vrombissement* emplit mes oreilles. C'est trop fort, l'eau frissonne autour de moi, elle bouge comme si elle était vivante, puis le bruit s'éloigne! C'est moi maintenant, la petite main qui s'accroche à la branche d'arbre et que l'hélicoptère n'a pas vue... Oh! ils font demi-tour!

Plus la peine de résister, c'est trop tard à présent. Et puis je suis si fatiguée...

Ma main lâche l'appui et s'ouvre, s'ouvre... L'eau est brune et épaisse. Je m'enfonce, je coule avec les maisons. Comme c'est facile...!

Oh! ma vie, je perds pied! La douleur est plus forte que moi, plus forte que nous. Elle est une vague à chaque fois plus grosse qui me laisse anéantie sur le rivage. Je me relève, mais elle me prend à nouveau et me brise encore.

Que se passe-t-il? Est-ce moi aussi, cet homme de l'autre bout de la planète? Écoute-moi, mon amour! Si tu savais...

J'ai déminé, pas à pas, le sentier qui mène jusqu'au puits. Les enfants reviendront peut-être demain jouer sur la colline aux cerisiers. Ma fille a toujours mal à son bras, celui qu'elle a perdu, celui qui n'existe plus. Elle a huit ans, mais elle ne sait plus rire. La guerre nous a tous tués, même nous, les survivants, qui marchons pieds nus dans les ruines.

Je m'appelle Luong, j'ai déminé le sentier qui mène jusqu'au puits... Je ne sais pas si le printemps reviendra un jour...

Mon amour, je suis cet homme et j'apprends à mourir à mesure, le sais-tu? Jusqu'à ce que plus rien n'ait d'importance, jusqu'à plus de liens, plus d'attaches, plus de cordes...

*Oh! il y a encore des images qui viennent... Du fond de mon lit, je suis devenue cette femme à la peau sombre et voilée de noir. Je me fonds en elle. Je mange en silence. Lentement, entre chaque bouchée, je lève mon masque de cuir. Tout a le goût du noir. Je n'ai pas faim, je n'ai jamais faim, et si tu savais comme j'ai peur!*

*Mon amour, mon amour... La mort, la souffrance et l'amour se confondent-ils? Faut-il absolument qu'ils se mêlent ainsi pour nous projeter vers autre chose?*

*Je t'aime si fort et si... totalement. Est-ce à cause de tant d'amour pour toi que mon cœur est devenu poreux et de plus en plus perméable aux autres?*

*Que se passe-t-il? Je t'aime, je suis unie à toi dans l'intimité la plus totale et voilà que c'est l'humanité tout entière qui devient ma famille proche! Je me mets à les aimer d'amour, tous ces êtres humains, à les comprendre aussi, et je m'allonge, je m'allonge à l'infini pour les prendre tous sur moi. Vient-elle aussi de là, la brûlure de mon bras?*

*Oh! mon amour, comme elle est souffrante, cette famille! Comment l'oublier quand la douleur de mon corps se connecte exactement à la leur. J'ai toute la douleur du monde en moi. Était-ce cela qu'il me fallait saisir avant d'aller plus loin?*

*Dis-moi, est-ce cela, la compassion?*

*Des plages d'espace s'ouvrent à l'intérieur de moi. Comprends-tu? Cette nuit, je suis... ma fin du monde!*

*Même si tu le voulais, comment pourrais-tu vivre cela à ma place? C'est toute seule qu'il me faut faire ce voyage. Mon cœur était trop petit et il battait trop lentement. Il fallait faire de la place en moi.*

*Pourtant, je n'en peux plus. Ma nuque, mon épaule et mon bras blessés font si mal! Que reste-t-il de nous quand la souffrance a laissé toute la place au silence et au vide, quand même mourir semble plus doux que de continuer?... Oh! ma vie, où es-tu?*

*Tu ouvres les yeux, tu me cherches du regard, tu poses ta main sur moi. Tu es si inquiet. Je t'en supplie, ne perds pas pied, mon amour! Tu souffres autrement, mais autant que moi, je le sais. Mais si tu faiblis, mes dernières forces vont s'en aller.*

*Je m'accroche à tes yeux. Le vide est grand ouvert sous moi. Je n'ai plus de peau, plus d'enveloppe. Je suis sans protection, totalement offerte et tout me pénètre.*

*Aime-moi! Aime-moi jusque-là. Dis-moi qu'après ce trou noir viendra autre chose, qu'il faut passer par là, que nous en avions, dans un temps très lointain, décidé ainsi. Dans ce temps autre, où tout nous a été dévoilé complètement. Donne-moi surtout l'élan qui me manque maintenant pour aller au-delà.*

*Ou alors, si tu peux, saute avec moi jusqu'à l'autre côté! À présent, je dois traverser. Je ne peux plus faire demi-tour, c'est comme ça. Le passé brûle et avec lui les souvenirs qui me retiennent.*

*Plus rien. C'est fini...*

*Il n'y a plus que le silence à présent et tout ce blanc devant moi qui semble se déchirer... Il y a une porte là-bas qui s'ouvre, une énorme porte!*

— *Mon amour, au bout de nous, tout se confond, tout s'explique et tout se comprend! Là où je suis, il n'y a plus que quelques formes simples au milieu du vide. C'est si clair, si naturel... Si tu savais...!*

— *Je sais... C'est nous qui compliquons tout.*

— *Tu comprends ça? Tu comprends... jusque-là?*

— *Bien sûr...*

— *Je suis morte un peu, je crois.*

— *Impossible de mourir «un peu». On meurt beaucoup, à chaque fois. Moi aussi, je suis mort mille fois.*

— *Mourir, est-ce donc la seule façon d'aller vraiment plus loin?*

— *Il y a d'autres morts aussi, parfois moins difficiles, celles-là. Mais c'est toujours au cœur de la fragilité absolue que se cache l'ouverture. Pas juste la petite mort de l'amour, la grande mort aussi. Celle qui concerne tous les humains de la planète.*

— *Mais... quelle porte étrange avons-nous ouverte ainsi en nous aimant si fort? Comment est-ce arrivé?*

## 16

## *La Cinquième Saison*

Je ne sais plus vraiment si c'est possible… Peut-être bien que c'est fou de raconter l'amour, comme ça, à des gens que je ne connais pas. C'est difficile surtout parce que cet amour a dépassé la frontière du connu et qu'il s'est aventuré autre part. Je reste là, le cœur suspendu, j'hésite… Comment continuer?

Oh! je me dis que si, comme par magie, je me retrouvais assise près de vous et que vous vous en aperceviez, ce serait plus simple. Vous poseriez votre livre doucement sur vos genoux et vous me regarderiez dans les yeux. Je pourrais alors vous dire ce qui m'habite et vous vous laisseriez peut-être couler dans ma voix. Nous serions bien ensemble, nous nous ferions un beau moment de tendresse, nous parlerions des choses essentielles. L'amour se lit sur moi, je le sais, et cela vaut tellement mieux que tous les mots que je pourrais employer pour le décrire. Cependant, ces phrases, celles que vous lisez maintenant, c'est tout de suite qu'il me faut les faire vivre et les arracher à l'avenir… Et je trouve cela bien délicat.

La vie est étrange! On dirait que je me retrouve précisément dans la même impossibilité de décrire l'inexprimable qu'il y a quinze ans quand, à la suite d'une grave maladie, j'ai vécu ce qu'on appelle une *mort clinique*. Après être revenue à la vie, il m'était difficile de partager ce qui m'était arrivé avec ceux qui me le demandaient. Ce que j'avais appréhendé «de l'autre côté des choses» était si global, si saisissant, que j'ai souvent préféré me taire plutôt que de déformer la réalité avec des mots inadéquats et limités. C'est la même chose pour l'amour. J'ai peur de le trahir en le réduisant en petites lettres noires toutes égales et en plaçant celles-ci bien sagement côte à côte sur des lignes droites!

Pourtant, comment y échapper? Je dois continuer! L'amour et la mort sont intimement liés dans ma vie et tous les deux sont à peine traduisibles... C'est comme ça.

Vous savez, quand on fait l'expérience de la mort clinique, quand on apprend brusquement et de façon directe qu'après la mort physique rien n'est terminé et que notre âme continue à vivre ailleurs, dans un autre espace, et que c'est sans l'ombre d'un doute, toute la suite de notre histoire s'en trouve à jamais modifiée!

Je ne vois plus du tout les choses de la même façon depuis cette fameuse nuit du 24 juillet 1985. En mourant, ne serait-ce qu'un instant, j'ai d'abord réalisé que je n'avais pas encore vraiment appris à aimer. J'avais cru le faire, bien sûr, mais l'amour véritable, c'était tellement plus que ça.

Ce qui m'apparaît clair à présent, avec un peu de recul, c'est que si la vie m'a fait cadeau de quelques années supplémentaires, c'est pour que je puisse faire concrètement l'apprentissage de cette réalité.

Évidemment, à l'époque, je ne comprenais pas et je me suis posé bien des questions. J'avais ma famille autour de moi et des quantités d'amis, j'avais même un public qui m'aimait beaucoup. Et moi, je les aimais tous ces gens. Alors quoi? Qu'y avait-il d'autre ou de plus à comprendre dans l'amour?

Oh! la vie s'est rapidement chargée de me l'apprendre… Elle est comme ça, la vie. Si on est prêt, si on veut avancer, elle ne fait pas de détours inutiles, elle nous amène, et parfois bien doulou-reusement, droit au but. C'est ainsi qu'après m'avoir fait connaître la mort et avoir considérablement diminué ma peur du vide, elle m'a mise en position d'accompagner volontairement des enfants atteints de maladies très graves. Ce que j'ai fait pendant plus de dix ans et que je poursuis encore avec tout mon cœur dès que la vie me le demande.

Je réalise bien que je ne pourrais pas vivre aujourd'hui ce grand bonheur avec *lui* sans avoir fait, jour après jour, des gammes d'amour vrai auprès de ces enfants. Oui, je le vois d'évidence à présent, ce fut ma façon à moi de m'initier à l'amour. C'est pour cela que j'ai envie de vous parler un peu de ces moments privilégiés, ou de vous les rappeler*…

«C'est épouvantable d'accompagner des enfants cancéreux! Tu dois t'attacher à eux! Moi, ça me fait pleurer juste de les voir sans leurs cheveux à la télévision. Comment fais-tu?»

---

* Voir *De l'autre côté des choses*, Libre Expression, 1996.

Combien de fois ne m'a-t-elle pas été posée, cette question! Et à ces gens-là qui semblaient craindre pour moi et pour mon équilibre mental, je ne pouvais que répondre : «Je ne m'attache pas à ces enfants. Par contre, j'ai appris à les aimer. C'est bien différent!»

Quand ils ne comprenaient pas, quand ils déclaraient haut et fort que Dieu ou que la vie était décidément injuste et absurde, je ne discutais pas. Je souriais, tout simplement… Ça les calmait. En fait, ils ne voulaient qu'être rassurés, ils ne désiraient pas trop que je leur en raconte davantage. Oh! je comprends très bien leur réaction, j'étais comme eux autrefois. La mort, surtout celle des enfants, m'effrayait beaucoup.

Vous savez, c'est vrai que j'ai appris à ne pas m'attacher aux enfants malades, mais plutôt à les aimer véritablement. Parce que ça s'apprend, l'amour! Au début, on ne sait pas trop comment faire… On hésite, on s'essaie, on se trompe un peu et puis on prend le tour. On découvre alors que l'amour se cultive, qu'il n'est ni fixe ni définitif, qu'il se modifie aussi avec le temps…

Mais voilà, justement, aimer d'amour, ça demande du temps! Ça ne s'achète pas précuit ou congelé à l'épicerie du coin! Ça ne vient pas tout seul comme par enchantement! Même à la fin d'une quête spirituelle de trois jours dans une forêt d'Amazonie! Pour apprendre à aimer vraiment, il faut que cela devienne la chose la plus importante, la plus urgente de notre vie…

Oh oui! je les ai aimés d'amour, ces petits que la vie m'a confiés. Il y en avait toujours un à consoler, un à faire rire, à bercer, à écouter ou à encourager. J'ai essayé de leur rendre la vie plus ouverte, plus drôle, plus passionnante. Si je ne pouvais pas les guérir, je pouvais du moins mettre du soleil au quotidien dans la grisaille de l'hôpital. Je n'avais avec eux ni passé ni avenir à partager, mais je pouvais, si je le voulais et surtout si j'en prenais le temps, rendre le moment présent, celui où nous étions ensemble, le plus beau et le plus magique possible. Oui, ça, je pouvais le faire! Et tout le monde le peut aussi; on n'a pas besoin de suivre un cours particulier d'accompagnement à l'université.

Évidemment, vous vous en doutez bien, il y a toujours des enfants qui doivent nous quitter et mourir. C'est leur histoire qui est comme ça, et moi, je ne peux pas changer leur histoire. Alors, j'ai dû apprendre à ne pas me révolter, quoi qu'il arrive, à ne pas me mettre en colère non plus contre le destin. J'ai dû apprendre à ne même pas exiger d'eux qu'ils guérissent.

Finalement et petit à petit, je suis parvenue à accepter sereinement leur départ. Comment faire autrement si je voulais retourner à l'hôpital et accompagner d'autres enfants malades? Il fallait bien que je sois prête à leur sourire quand ils venaient me chercher par la main, eux et leurs grands yeux trop sérieux qui prenaient toute la place dans leur visage.

C'est sûr que j'ai pleuré de les voir s'en aller. Mais pleurer au bon moment et pour les bonnes raisons, ce n'est pas grave. Cela rafraîchit l'âme et lui donne un nouvel élan. Ce qui est le plus difficile, et tous ceux qui accompagnent des gens malades jusqu'à leur envolée vous le diront, c'est de

211

recommencer tout de suite une autre histoire d'amour alors qu'il y en a une qui vient à peine de se terminer. Cependant, c'est à ce moment-là précisément que s'exercent à répétition les gammes d'amour les plus délicates et les plus formatrices.

C'est là, sans doute, que j'ai commencé à aimer… juste pour le bonheur d'aimer.

Je me rends bien compte à présent que je me préparais ainsi, d'une façon tout à fait particulière et inattendue, à *son* arrivée dans ma vie. Il me fallait être bousculée, retournée et labourée pour *lui* faire de la place. Il fallait que j'aille au bout de moi-même, que je m'expérimente, que je me confronte à ma propre vérité, et cela, jusque dans mes derniers retranchements.

En d'autres termes, disons qu'il fallait, de toute urgence avant qu'*il* n'arrive, m'initier infiniment au risque d'aimer!…

Et *lui*, à l'autre bout du monde, je sais maintenant qu'*il* faisait ce même «travail d'amour» auprès des gens et depuis bien plus longtemps que moi! Jour après jour, *il* tissait, sans s'en douter le moins du monde, le long écheveau du temps qui allait nécessairement *le* mener jusqu'à moi. Comme la vie est immense et pleine de ces secrets dont on ne découvre souvent que bien plus tard le savant agencement!

Suivez-moi encore, voulez-vous? C'était un 18 décembre…

*L'hiver ne vient pas… Il a disparu ou bien peut-être est-il parti ailleurs. Plus rien n'est pareil.*

*Comment se fier au passé quand l'impossible se conjugue au quotidien de nos vies ? On dirait que j'ai tout désappris de ce que je savais autrefois, et que l'on pourrait pénétrer facilement entre les atomes de mon corps.*

*À présent, me voici dans l'ouverture ! Elle est là, la porte ! Dans le silence vivant entre deux notes de musique. Dans le vide dangereux qui se dissimule à chaque fois entre deux respirations.*

*Là, dans cet espace sans nom, se cache aussi ce que j'appelle dorénavant la Cinquième Saison ! La Cinquième Saison ! Celle où ne se reproduisent plus éternellement les mêmes blessures d'amour, les mêmes conflits de couple, les mêmes échecs amoureux. La Cinquième Saison, celle qui saute par-dessus les bredouillements et les impasses du printemps, de l'été, de l'automne et de l'hiver. Un espace totalement nouveau, sans mode d'emploi et sans précédent. Serions-nous enfin arrivés là-bas ?*

*Oh ! comme toi et moi avons tenté en vain de l'atteindre pendant des siècles, ce début d'autre chose ! C'est un continent absolument neuf qu'on s'apprête à découvrir... Tout un monde différent dont on ne soupçonnait même pas l'existence !*

*Dis-moi l'heure qu'il est. Moi, je ne le sais plus... Je me dissous dans l'espace. Aime-moi, mon amour ! Aussi fort que tu veux parce que je n'ai pas peur ! Je ne vais pas m'anéantir, mais me multiplier en toi et prendre enfin ma vraie dimension.*

*Regarde, nous nous promenons main dans la main en terre inconnue. Nous marchons avec indé-cence et tranquillité au milieu des mondes anciens et à venir. Nous nous unissons de partout, avec toute cette tendresse et cet amour accumulés durant des siècles. L'amour est si grand qu'il en devient terrible! Nous nous moquons bien d'être consumés! Oh! n'être plus qu'une seule flamme dorée!...*

*Le sens-tu? Le temps arrêté nous livre ses secrets. Les mystères s'amenuisent. Ce qui fut caché, à présent nous est soufflé à l'oreille... et étrangement tout cela semble si familier! Nous le savions, n'est-ce pas? Nous l'avons déjà su! Avant d'avoir tout oublié...*

*Le souvenir du futur arrive fragmenté, image par image. Comme si nous devions être épargnés de ce qui vient le plus longtemps possible. Il nous faudra être prêts, pourtant. Du moins, c'est ce que nous avions prévu...*

— C'est fou de t'entendre parler de l'amour de cette façon! Et si, pour le coup, ça commençait à tourner mal entre toi et lui?

— Pourquoi encore l'hésitation et le doute? On ne la fait pas tourner comme ça, la vie.

— En tout cas, tu risques de rendre bien du monde jaloux!

— C'est possible, en effet. Mais devrais-je me taire à cause de ceux-là?

— C'est donc la souffrance physique qui t'a ouvert la... porte, comme tu dis?

— Disons que lorsqu'on franchit une telle porte on provoque toujours un gros changement en soi. Le corps en prend un coup, c'est évident. Le mien, en tout cas, a souffert pour pénétrer dans cette autre dimension de la réalité. C'est le risque que j'ai pris.

Mais cela aurait pu se passer autrement. Pour d'autres, cela peut être différent.

— N'importe, je trouve que tu as drôlement changé depuis que cet homme-là est arrivé dans ta vie! On dirait que tu es à la fois plus calme et plus... peinée par ce qui se passe partout.

— Je suis surtout plus lucide qu'avant. C'est l'amour qui fait ça. Comprends-tu? Je vois mieux! D'un peu plus haut, avec un peu plus de recul. Mais je suis plus aimante aussi, certainement. Il est là, le plus grand changement.

— Peut-être, oui... Mais, dis-moi, quand il n'y a plus de conflits dans un couple, plus de frictions, plus d'affrontements ni de luttes de pouvoir, la vie à deux doit devenir bien ennuyeuse au jour le jour...

— Ennuyeuse? Elle devient plus passionnante, au contraire!

— Oui, mais sans petite querelle d'amoureux de temps en temps et donc, sans réconciliation pathétique, je trouve que la vie de couple peut vite finir par... manquer de piquant! Tu ne trouves pas? Trop d'harmonie, ça ne vous ennuie pas à la longue?

— C'est créateur, l'harmonie! Et puis toute l'énergie que nous aurions gaspillée pour régler des conflits entre nous se trouve récupérée autrement. Lorsqu'on touche à la Cinquième Saison, l'amour devient une force incroyable. Une énergie dont on dit qu'elle déplace les montagnes! Alors, au lieu de perdre du temps à se quereller, on s'essaie plutôt... à déplacer des montagnes!

— Vous avez donc fait toutes les concessions?

— Comment... concessions?

215

— Tu le sais bien! Tu lui accordes certains bénéfices, tu le laisses volontairement gagner sur telle ou telle chose. Par contre, toi, tu tiens mordicus à d'autres choses et il te les concède. Des concessions, quoi!

— Je n'ai jamais l'impression de faire des concessions avec lui!

— Alors, il fait toujours tout ce que tu veux! Pauvre gars!

— Non, je ne crois pas qu'il fasse de concessions non plus!

— Impossible!

— Bien sûr que c'est possible! Lui faire plaisir en faisant plutôt telle ou telle chose parce que je sais qu'il préfère cela ne me demande strictement aucun effort. Cela me comble de bonheur de le voir heureux! C'est absolument mon plaisir. Et c'est la même chose pour lui!

— Et pour le ménage? Vous avez une définition des tâches?

— Mon Dieu, non! Tout se fait simplement par l'un ou par l'autre, selon la disponibilité de chacun. Même que ça me fait souvent bien plaisir de le libérer d'une corvée qui lui pèse et vice-versa. Désolée, j'ai beau ne pas vouloir te contredire, c'est pourtant comme ça. En fait, on n'y pense même pas. Rien de plus facile que de vivre ensemble!

— Plus de guerres, quoi! Vous vivez en paix!

— La paix… La paix, c'est tellement plus qu'un intervalle entre deux guerres! À présent, je commence à comprendre… C'est un monde de silence… Quand on a fini de s'agiter, de chercher à droite et à gauche, quand *c'est* arrivé… il y a quelque chose en nous qui se détend…

— Vous parlez souvent de la mort ensemble?

— Disons plutôt de la métamorphose… Oui, elle est toujours présente. C'est une véritable alliée quand on cesse d'en avoir peur stupidement.

— Et s'il devait mourir… ou se métamorphoser demain?

— C'est le risque que j'ai pris, bien sûr. C'est le risque qu'on prend à chaque fois qu'on aime. C'est cela aussi, je le sais à présent, le beau et grand risque de la Cinquième Saison…

## 17

## *Le goût d'aimer*

Il y a un peu plus de trois ans, pendant plusieurs jours consécutifs, je me suis mise à me rappeler et à revivre, comme en pointillé, une foule d'événements douloureux de mon passé. Ces événements, souvent reliés à ce besoin pressant que j'ai toujours eu d'aimer et d'être aimée infiniment, sont soudainement remontés à ma conscience comme d'énormes bulles grises toutes chargées de larmes. Pourquoi ces souvenirs pénibles ont-ils resurgi précisément à ce moment-là? Je n'en sais trop rien. Je croyais pourtant les avoir oubliés, ces souvenirs d'avant, je croyais même les avoir… transcendés!

Mais voilà que, sans que je le veuille, tout cela me remontait à la mémoire, et jusque dans les moindres détails. Je me suis alors mise à éprouver un sentiment d'injustice et puis, de la colère aussi. Mais surtout, c'est une tristesse très profonde que j'ai ressentie. Elle a surgi de mon ventre et elle s'est logée dans mon cœur. Le chagrin venait par à-coups. Oh! j'ai pleuré beaucoup pendant ces quelques jours. De longues larmes sans sanglots qui ont eu besoin de couler une à une jusque dans mon cou afin de laver ce grand chagrin resté malgré tout prisonnier de mon âme.

Je me souviens surtout d'une journée où la tristesse avait été particulièrement profonde… *Mon amour* m'a retrouvée, recroquevillée et en larmes, sur le fauteuil du salon. *Il* s'est approché doucement, *il* s'est assis près de moi. Je n'ai eu alors qu'une envie, celle de poser sa belle tête sur ma poitrine… *Il* m'a laissé faire. Installée ainsi, son corps d'homme blotti contre le mien, je me suis reconnectée à une autre femme qui pleurait, elle aussi. Une femme qui n'avait jamais l'impression d'être aimée suffisamment, celle que j'avais été, moi, à peine quelques années auparavant. Comme elle était proche de moi, cette femme d'avant! Elle était à ce point vivante et réelle que je n'ai eu qu'à la faire venir…

Alors — comment vous dire? — Je l'ai consolée… Elle était plus jeune que moi, cette Lise d'autrefois, plus jolie peut-être, mais comme elle me ressemblait! Elle habitait dans une autre maison, elle dormait dans un autre lit, cependant j'ai compris que je pouvais agir sur elle, que je pouvais concrètement la rassurer, la consoler, lui promettre qu'elle le trouverait un jour, celui qu'elle imaginait et espérait.

Oui, elle avait raison d'y croire, car il existait bel et bien, le grand amour de sa vie, elle pouvait même oser le regarder immédiatement et le reconnaître, là, dans mes bras! Je lui ai dit cependant qu'il était important qu'elle soit heureuse tout de suite, qu'elle profite bien des belles choses de son présent, que c'était une étape essentielle de sa vie.

Je lui ai conseillé aussi d'aimer son compagnon du mieux qu'elle pouvait, même si cet amour lui semblait, pour l'instant, comme… insuffisant. Je lui ai soufflé à l'oreille qu'elle allait comprendre plus tard…

Oui, je venais du futur pour l'aider à tenir le coup et l'inciter à la patience. Je l'ai suppliée surtout de ne pas être… *raisonnable* et de s'y accrocher, encore et toujours, à son grand rêve! Je lui ai révélé que cet autre amour, qui allait forcément venir à son heure puisqu'il existait déjà dans le temps, était la plus belle et la plus large porte qui s'ouvrirait à elle pour se fondre enfin dans son véritable Soleil.

Et à ce moment-là j'ai eu l'étrange conviction que j'agissais directement sur mon histoire. Maintenant, avec le recul, je suis persuadée que, si j'ai pu traverser des années de flottement et d'attentes imprécises sans flancher et avec joie, c'est à cause de cette certitude absolue envoyée par ce *moi* de maintenant vers le temps passé!

Je me suis consolée et bercée longtemps… J'ai pris le temps qu'il fallait. J'ai adouci le passé, le présent et même le temps futur, j'en avais besoin! Et puis, j'ai compris que, dans cet élan de tendresse, j'étais aussi en train de guérir les douleurs passées de *mon amour*. Cela se faisait tout en parallèle… J'embrassais son front moite, puis ses cheveux qui tombaient en boucles sombres dans le creux de mes bras. Je *le* tenais tout entier comme si j'étreignais une Terre fragile et souffrante, précieuse et magnifique.

Ce fut alors la planète entière que j'ai eu l'impression de bercer et de consoler! Mais oui, pourquoi pas? Je me sentais immense, formidablement puissante et tout d'un coup capable d'agir sur elle. Le temps n'existait plus, ni les contraintes, ni les barrières, ni les proportions. C'était fou! Je découvrais et j'expérimentais le temps réel : un Temps élastique et… absolument réversible!

La Terre vivait entre mes bras devenus gigantesques. J'en sentais les soubresauts, les pulsions, les éclatements, les rires, les guerres, la créativité, la puissance, mais aussi et surtout l'extrême fragilité. Je lui ai donné une seconde d'amour vrai, à cette Terre en péril, et c'est sans doute pour cela qu'à partir de ce moment-là mes vieilles blessures amoureuses se sont apaisées. Oui, elles se sont calmées, comme si, par cette magie, elles avaient pris des proportions plus justes et infiniment moins tragiques. Pourquoi nourrir du regret? Ma vie passée avait été exacte, belle, et surtout elle m'avait directement préparée à *le* reconnaître entre tous et puis à *l'*aimer de toutes mes forces. Rien n'avait été inutile. Je n'aurais pas pu, d'aucune façon, brûler les étapes.

— On sait bien, toi! Tu ne fais jamais rien comme tout le monde! Moi, je suis désespéré, j'ai tout essayé pour me trouver quelqu'un! Ça ne marche jamais! Et je ne suis pas le seul dans mon cas! Ça me donne mal au ventre rien que de vous voir être en amour comme ça! Toi, en tout cas, tu devrais te retenir d'étaler tes sentiments en public! Tu manques de… respect humain!

— De… respect humain?

— Tu es trop heureuse, ça se voit trop, t'éclabousses partout!

— Je ne le fais pas exprès, je…

— Cache-toi, c'est indécent pour les autres!

Vous l'avez peut-être remarqué, certaines personnes ont du mal à accepter le bonheur d'autrui. Si elles ne le disent pas toujours aussi directement, elles ont des regards chargés de reproche qui le font bien sentir…

Je l'avoue, ce genre de petite réflexion parvient encore à me donner comme… comme un vague sentiment de culpabilité. Pourquoi ce bonheur m'arrive-t-il à moi et pas à tout le monde? Est-ce «normal», après tout, ce miracle permanent? Je sais bien qu'une seule journée vécue avec *lui* contient à elle seule souvent plus d'attention amoureuse que ce que d'autres ont la possibilité de recevoir au cours de toute leur vie… Qu'ai-je donc fait pour mériter cela? Pourquoi ce privilège du Grand Amour?

C'est vrai qu'elle est difficile à dissimuler, cette grande joie qui brille en nous si fort et c'est évident qu'elle transparaît! Je m'interroge et aussitôt je me dis que c'est très bien que cela se voie ainsi! Ne trouvez-vous pas? C'est beau, l'amour, c'est tellement mieux que toutes ces images de guerre, de désolation et de destruction qu'on nous montre tout le temps partout! Ça sème de l'espoir!

La culpabilité? Ce serait stupide! Elle ne m'apporte rien de bon, elle arrive seulement à me faire de la peine. Et je n'ai plus vraiment envie de me faire de la peine comme par exprès. C'est bien fini, tout ça! Je n'en ai plus le temps! Et puis je me dis aussi que cet amour-là, il me convient à moi, et pas à toutes les femmes. Sans doute y en a-t-il qui auraient du mal à vivre avec *lui* au quotidien, de la même façon que bien des hommes n'arriveraient peut-être pas à me supporter.

Les aspirations des uns et des autres sont si différentes, leurs besoins et leurs désirs aussi. Pourquoi envier autrui? Comment juger? Au bout du compte, on a bien tous rendez-vous à la même gare finale. Ce sont seulement les chemins, avec leurs drôles de détours, leurs zigzags et leurs circonvolutions, qui sont singuliers…

Oh! je devine bien que la Vie, celle qui nous a si miraculeusement réunis, doit savoir ce qu'elle fait et où elle nous emmène! J'apprends à me piloter en totale confiance. Que puis-je faire d'autre? Tout s'est mis à aller si vite, à se transformer si radicalement! Le temps d'avant est définitivement terminé. Le temps d'après s'est mis en place.

Dites-moi ce que peuvent faire de mieux deux amoureux au milieu du tumulte que de semer du bonheur et de l'espoir autour d'eux. On ne peut pas changer le monde ni le rendre meilleur, mais au moins peut-on se changer un peu soi-même et devenir petit à petit de meilleures personnes. Ça, c'est sûr qu'on peut le faire, et même que ça risque d'être contagieux!

On s'aime pour nous deux, bien sûr, et puis… on s'aime aussi pour les autres probablement! Ça s'attrape, le bonheur. Ça s'attrape peut-être plus que la haine ou la colère! Je l'espère du moins, parce qu'il n'y aurait plus beaucoup d'espoir possible si seule la désespérance se répandait et survivait au temps. C'est mon pari…

*Étrange devoir que celui de semeur de ten-dresse. Mission voulue, acceptée, assumée. N'être plus que transparence dans un monde dur et accablé. Parler d'amour! Parler des hommes et des femmes au cœur brûlant qui ensemencent déjà le monde nouveau qui vient. Donner le goût d'aimer. Donner le goût d'aimer...*

— C'est tout?

— Oui, c'est tout.

— Plus rien à ajouter?

— Tout le reste est à vivre...

— Mais dis-moi, finalement, y a-t-il une aventure plus grande, plus globale ou plus passionnante que celle de l'amour?

— Oui. Celle de l'Amour!

— Je ne comprends pas...

— Rien ne se termine jamais, vois-tu? Aimer, c'est plonger dans l'infini. On a l'air de chuter, la sensation est la même, mais on s'élève de plus en plus vite, de plus en plus haut. L'Amour derrière l'amour, tu saisis?

— Alors, on devrait plutôt dire «s'élever» en amour, plutôt que «tomber» amoureux, ne crois-tu pas?

— Oh oui! Quand on aime vraiment, c'est le même grand vide qui s'ouvre sous soi. Tu le sais déjà, c'est un risque énorme qu'on prend en aimant. On se met à mieux voir les choses, on commence à les observer de beaucoup plus... haut! Ce n'est pas facile, il manque les mots pour le dire, les concepts n'existent pas encore, mais, vois-tu, le «prolongement d'aimer» défie les plus folles suppositions, les plus incroyables, les plus fantastiques prévisions!

— Je n'en suis donc qu'au commencement, avec ce grand amour de ma vie!

— Oui, juste au commencement du monde!

— Mais après? Que se passe-t-il vraiment? Pourrais-tu me le dire? Allez, juste un peu!

— Tu veux vraiment continuer? Tu veux vraiment aller voir plus loin?

— Tu sais, jamais je ne me suis sentie aussi vivante! Et puis ce n'est pas possible d'empêcher cet amour-là de grandir. Il pousse, il augmente, il se multiplie, il prend de plus en plus de place. Il arrive même à me donner tout de suite le goût du… paradis! Je n'ai pas le choix!

— Tu n'as donc pas peur de risquer le tout pour le tout et… d'aller plus avant?

— Oh non! Je crois qu'il est bien trop tard pour avoir peur! C'est la joie, tu sais, c'est la joie qui vient!

# Épilogue

*Le soleil vient percer le rideau de brume dans lequel le paysage dort encore. Le matin nouveau est plein de secrets... Dans le temps suspendu existent déjà tous les mots d'aujourd'hui que je pourrais dire, tous les gestes que je pourrais poser. Pourtant, rien ne se dévoile encore du jour qui vient. Et tout est possible...*

*Au sortir de la nuit, les arbres et les choses sont fragiles, presque en transparence. La brume se déplace dans l'espace en essaims vivants de milliards de gouttelettes et les oiseaux se répondent en écho dans cette obscurité blanche.*

*Le monde est d'une grande douceur ce matin. Je suis réveillée, mais je ne bouge pas. Trop tôt pour troubler la vie!*

*Il dort à mes côtés, avec toujours sa main droite grande ouverte posée en étoile sur son cœur. Comme c'est émouvant de regarder dormir l'homme qu'on aime! On dirait que je ne le regarde jamais assez et que son visage ne s'imprime jamais suffisamment dans ma tête. C'est un mystère, un être humain, et il est bien trop grand à découvrir pour le temps qui nous reste!*

*Pourtant, je suis sûre qu'un jour, à force de l'aimer autant, je surprendrai son vrai nom. Son nom d'origine, je veux dire. Le nom essentiel qu'il avait au commencement du monde, celui qu'il ignore, lui aussi, et qui le définit absolument.*

*Le jour se lève à présent et moi, cette espèce de système intégré de plusieurs centaines de trillions de cellules vivantes, moi qui suis peut-être en train de l'inventer, ce monde, j'ai le vertige.*

*Vertige de cet espace sans limites qui s'ouvre devant moi. Qui a dit que l'amour comblait? Qui a dit qu'il était un but à atteindre, un remède universel, une solution à tous les problèmes? Qui a prétendu qu'il nous complétait, qu'il nous faisait définitivement nous retrouver, qu'il donnait l'ivresse permanente?*

*Je l'aime, moi, et il m'aime infiniment, mais je ne suis pas comblée! Avec lui, au contraire, je deviens, à chaque jour un peu plus, femme de désir! Ce n'est pas la terre ferme et définitive que j'ai atteinte en l'aimant d'amour, c'est plutôt une passerelle de verre! Une passerelle étroite comme un fil et transparente comme la justesse et la rectitude. Un pas, deux pas, trois pas... Je marche, pieds nus et sans filet, sur la pointe du cœur et je risque. Je risque mille fois par jour. Ranimée par cet amour et infiniment mise en alerte, j'avance... De toute façon, impossible de faire demi-tour.*

*C'est loin d'être confortable, un bonheur d'amour. C'est comme un Everest d'une profondeur invraisemblable à gravir! Je me découvre vulnérable, avec des quantités d'espaces à remplir, moi, la femme autonome et, dit-on, libérée! Devant mes yeux s'ouvrent des portes innombrables et, en les franchissant les unes après les autres, je découvre, tout au bout, des passages inconnus qui me font bientôt entrevoir d'autres portes qui mènent encore à d'autres mondes... Dans cette avance, rien ne résiste au changement. Les moindres zones compactes, dures ou encore rigides en moi éclatent en mille miettes. À cela, je ne m'attendais pas du tout!*

*J'aime cet homme qui me fait devenir infiniment espoir, confiance et exigence... Oh! le voilà qui sourit soudain, comme s'il suivait dans son sommeil le fil de mes pensées!*

*Alors, en silence, je me mets à lui dire des mots qui ne se disent pas, des mots presque indécents :*

*«Oh! comme je ne suis pas comblée avec toi, mon amour! Et comme c'est merveilleux! Tu m'as épouvantablement dépliée, déployée, ouverte sur toute ma longueur, ma largeur et ma profondeur. Mes yeux se sont dessillés à force de te regarder vraiment et maintenant, que je le veuille ou non, je vois tellement plus clair. Et puis il y a ce désir de toi en moi qui n'en finit pas de grandir...*

*«J'ai accosté avec toi sur un autre rivage. Il n'existe ici ni feuilles de route, ni chemins déjà tracés, ni panneaux indicateurs, ni cartes géographiques pour la direction à prendre. Je ne suis même pas sûre qu'on puisse y trouver un sentier tout fait... Que du neuf sur un fond d'histoire ancienne! Que des espaces géants, des vides de l'âme à remplir d'amour!»*

*La brume s'est dissoute et le soleil colore en orangé les arbres et les choses. Je prends sa main* et soudain toutes les mains vivantes de tous les autres humains s'y confondent et vibrent dans la mienne. C'est un grand moment. Presque une extase... Tout mon être s'illumine.

Voilà. Tout se résout dans l'amour. C'est comme ça. Si on aime vraiment, il n'y a plus de barrières...

Le jour est levé. Tout peut arriver à présent, je ne prévois rien, je n'anticipe rien. Je souris... Oui, je crois bien que je souris! Mais comment faire autrement? C'est tellement déroutant à vivre, le bonheur d'aimer!

# TABLE

Ce volume a été achevé d'imprimer
sur les presses de l'imprimerie L'Éclaireur
à Beauceville
en janvier 2001

*Imprimé au Canada*